Catulls Gedichte

Nachschrift einer Vorlesung von Prof. Moriz Haupt 1861/62

AF672352

Siegmar Döpp

Catulls Gedichte

Nachschrift einer Vorlesung von Prof. Moriz Haupt 1861/62

Kartoffeldruck-Verlag
Speyer 2024

Umschlagbild nach Alfred Gudeman, Imagines Philologorum, 1. Aufl. Leipzig 1911, S. 26.

Bibliografische Information der Deutschen Nationalbibliothek

Die Deutsche Nationalbibliothek verzeichnet diese Publikation
in der Deutschen Nationalbibliografie; detaillierte bibliografische Daten
sind im Internet über http://dnb.d-nb.de abrufbar.

Der Kartoffeldruck-Verlag publiziert zum reinen Selbstkostenpreis
Bücher, die in jeder Buchhandlung bestellt werden können.

1. Auflage 2024
© Kartoffeldruck-Verlag Kai Brodersen, Speyer
www.kartoffeldruck-verlag.de
ISBN 978-3-939526-72-8

Inhalt

Einführung

Im Wintersemester 1861/62 hielt an der Friedrich-Wilhelms-Universität zu Berlin (die heute Humboldt-Universität heißt) der dreiundfünfzigjährige Klassische Philologe und Germanist Moriz Haupt eine Vorlesung über den römischen Dichter Catull (etwa 84 – 54 v. Chr.); darin folgte Haupt wie schon in seinen früheren Catull-Vorlesungen und in anderen Schriften[1] den Spuren seines überaus verehrten Lehrers Karl Lachmann (4. März 1793 – 13. März 1851), der 1829 eine seinerzeit vielbeachtete Catull-Ausgabe veröffentlicht hatte. Von Haupts Vorlesung im Wintersemester 1861/62 hat sich die anonyme Nachschrift eines Hörers erhalten, die einige, wohl durch Fehlstunden bedingte Lücken aufweist. Trotz ihrer Unvollständigkeit soll diese Aufzeichnung hier in Scans vorgelegt werden, aus zwei Gründen: Zum einen verdienen, wie mir scheint, Lachmanns Catull-Edition und Moriz Haupts Lachmann-Rezeption etwas größere Aufmerksamkeit, als sie in jüngerer Forschung erhalten[2]. Zum andern liegt zwar von Christian Belger[3], einem Schüler Haupts, eine 1879 veröffentlichte, ausführliche Darstellung von dessen Persönlichkeit und Wirken vor[4], doch kann die Vorlesungsnachschrift von 1861/62 das Belgersche Porträt insofern ergänzen, als sie Haupts *mündlich vorgetragene Exegese Catullischer Gedichte* in zahlreichen Einzelheiten spiegelt[5].

---

1 Näheres dazu gleich.

2 So bleiben Lachmanns *Q. Valerii Catulli Veronensis liber* und Haupts einschlägige Arbeiten in Sebastiano Timpanaros grundlegendem Werk *La genesi del metodo del Lachmann* ([²1991] 39; 139; *The Genesis of Lachmann's Method* [2005] 52 n. 24; 76–79) am Rande; das gilt auch für den derzeit wohl ambitioniertesten Sammelband zur Lachmann-Rezeption, *Lachmanns Erbe* (herausgegeben von Anna K. Bleuler und Oliver Primavesi, 2022): Hier geht es, was Lachmanns Oeuvre betrifft, um die Analyse der sogenannten Lachmannschen Methode, die Frage, wieweit Lachmann selbst sie angewandt hat, sowie um seine als weit bedeutender geltenden Ausgaben des Neuen Testaments (1831; 1842/50) und des Lucrez (1850). – Die wohl wichtigste Analyse von Lachmanns Catull-Edition bietet Fiesoli (2000) 61–105.

3 Christian Belger wurde am 22. Dezember 1847 in Löbau geboren, studierte ab 1867 in Leipzig anfangs Theologie, dann Philologie sowie Archäologie und wechselte 1870 an die Friedrich-Wilhelms-Universität zu Berlin, wo er 1872 mit der Dissertation *De Aristotele etiam in arte poetica componenda Platonis discipulo* promoviert wurde. Von 1876 an war er am Friedrichs-Gymnasium zu Berlin tätig. Unter anderem veröffentlichte er noch zwei Wissenschaftliche Beilagen zum Programm seines Gymnasiums: *Beiträge zur Kenntnis der griechischen Kuppelgräber* (1887) und *Die Mykenische Lokalsage von den Gräbern Agamemnons und der Seinen im Zusammenhange der griechischen Sagenentwicklung. Mit einer Rekonstruktion des Schliemannschen Gräberfundes und sieben Plänen* (1893). Von 1884 bis 1901 war er Mitherausgeber der Berliner Philologischen Wochenschrift. Belger starb am 30. Oktober 1903 in Berlin-Charlottenburg.

4 Im Vorwort von *Moriz Haupt als academischer Lehrer* schreibt Belger: „Quellen waren in erster Linie eigene stenographische Aufzeichnungen, controlirt und in reichem Masse ergänzt durch Haupts grossentheils sehr genau ausgearbeitete Collegienhefte, die mir Herr Stadtrichter Dr. Beseler, Haupts Schwiegersohn, in liberalster Weise zur Verfügung stellte".

5 Eine ausführlichere, wohl vollständige Nachschrift einer Catull-Vorlesung Haupts findet sich in der Handschriftenabteilung der Universitätsbibliothek Marburg, und zwar im Nachlass von dessen Schüler, dem Germanisten Karl Lucae (7. August 1833 Berlin – 30. November 1888 Marburg); es handelt sich um die Vorlesung, die Haupt 1855–1856 gehalten hat; die Nachschrift unter dem Titel „Catulls Gedichte" umfasst 145 Seiten (Signatur: Ms. 155). Außerdem sind im Nachlass Lucae noch folgende Nachschriften Hauptscher Vorlesungen enthalten: Tibulls Gedichte, 1854–1855, 45 Seiten; Horatii Satirae, 1855, 129 Seiten; Taciti Germania, 1855–1856, 153 Seiten; Propertius, 1858, 149 Seiten sowie Wolfram's Parzifal, 1855, 165 Seiten (alle Angaben nach Kalliope – Verbundkatalog für Archiv- und archivähnliche Bestände). Für freundliche Auskunft danke ich Dr. Lydia Kaiser (Universitätsbibliothek Marburg). – Bereits im 15. und 16. Jahrhundert haben sich Humanisten zu Catull in Vorlesungen (*praelectiones*) geäußert; so manches ist verloren, erhalten haben sich hingegen Nachschriften von Vorlesungen, die Ioannes Pierius Valerianus Bellunensis (Giovanni Piero Valeriano Bolzanio, 1477–1558) 1521 am Gymnasium Romanum, der Universität Rom, gehalten hat; über sie handelt Gaisser (1993) 109–145; 331–355.

Moriz Haupt, der am 27. Juli 1808 in Zittau (Lausitz) geboren wurde und am 5. Februar 1874 in Berlin starb, hatte in Leipzig bei Gottfried Hermann (1772–1848) studiert, bevor er sich dort 1837 mit der Schrift *Quaestiones Catullianae* habilitierte. 1841 wurde er in Leipzig zum außerordentlichen, 1843 zum ordentlichen Professor, und zwar für deutsche Sprache und Literatur, ernannt. Nachdem er sich 1848 in der Phase der Märzrevolution im „Deutschen Verein" engagiert hatte, wurde er, zusammen mit dem Philologen und Archäologen Otto Jahn (1813–1869) und dem Historiker Theodor Mommsen (1817–1903), des Hochverrats angeklagt und trotz gerichtlichen Freispruchs 1851 aus seinem Amt entlassen; 1853 erhielt er an der Berliner Universität als Nachfolger Karl Lachmanns, mit dem er seit 1834 in Freundschaft verbunden war, den Lehrstuhl für römische Literatur; dieses Amt sollte er bis zu seinem Tode innehaben.

Catull gehört zu den lateinischen Autoren, mit denen sich Haupt auch nach seiner Habilitationsschrift (1837) immer wieder intensiv beschäftigte. So widmete er Catull im Wesentlichen seine *Observationes criticae* (1841)[6]; 1853 ließ er zum ersten Mal die Ausgabe *Catulli, Tibulli, Propertii carmina* erscheinen; zu seinen Lebzeiten erlebte sie noch zwei Auflagen: 1861 und 1868. Im Jahr 1861 erschien auch die von Haupt betreute zweite Auflage des Lachmannschen Catull[7]. Neunmal hielt Haupt eine Catull-Vorlesung, zuletzt im Wintersemester 1863/64[8].

Die anonyme Nachschrift aus dem Wintersemester 1861/62 ist in einer 21 x 26 cm großen, 120 Seiten starken Kladde mit Papp-Bindung enthalten. Daten der einzelnen Vorlesungsstunden finden sich nicht darin[9]. Die Lücken im zusammenhängenden Text hat der Schreiber vermutlich gelassen, weil er den Stoff der von ihm nicht besuchten Stunden später etwa anhand der Aufzeichnung von Kommilitonen nachtragen wollte. Das ist dann aber aus unbekanntem Grund unterblieben.

Nach dem mit Tinte geschriebenen Eintrag auf der Innenseite des vorderen Deckels gelangte die Nachschrift 1924 in den Besitz des Gräzisten Wolfgang Schadewaldt (15. März 1900 Wilmersdorf [heute Stadtteil von Berlin] – 10. November 1974 Tübingen); es ist das Jahr seiner Promotion an der Friedrich-Wilhelms-Universität. 1940 schenkte er, der seit Herbst 1934 in Leipzig lehrte, die Schrift seinem bereits seit 1930 dort wirkenden latinistischen Kollegen Friedrich Klingner (7. Juli 1894 Dresden – 26. Januar 1968 München); der mit Bleistift geschriebene Eintrag lautet: *Klingnero coll. opt. d. d. Schadewaldt Lipsiae MCMXL.*

Im Jahr 2018 habe ich während einer Reise, so wie ich es viele Male getan habe und zuweilen noch tue, auf einem Trödelmarkt in den stets ein wenig lieblos präsentierten Bücherkisten gestöbert und dabei das Exemplar gefunden. Moriz Haupt – Wolfgang Schadewaldt – Friedrich Klingner: ein Ensemble klangvoller Namen! Leider habe ich mir damals weder die genaue Zeit noch den Ort noch den Preis notiert. Wo hat sich die Schrift zwischen 1940 und 2018 befunden? Aus welchem Anlass hat Schadewaldt das Exemplar seinem Kollegen geschenkt? Finden sich in den Werken Schadewaldts und Klingners Spuren der Lektüre der Nachschrift? Zu all diesen Fragen weiß ich zu meinem Bedauern nichts zu sagen. Das Original habe ich nun der Universitätsbibliothek Marburg übergeben.

Die gänzlich leer gebliebenen Seiten 3, 36, 58–59, 72–73, 87–89; 92 sowie 109–121 habe ich in der Paginierung mitgezählt.

Für bibliographische Hinweise danke ich herzlich Dr. Dániel Kiss (Barcelona), für kritische Durchsicht des Manuskripts Prof. Dr. Marcus Deufert (Leipzig) und für die Realisierung des Buchs Kai Brodersen (Erfurt).

siegmar.doepp@web.de *Siegmar Döpp*

6 Der Text ist wieder abgedruckt in Haupts *Opuscula*, vol. 1 (1875) 73–142. Gottfried Hermann (1838) hat die Schrift ausführlich besprochen.

7 S. die Vorlesungsnachschrift S. 18.

8 S. die Liste der Hauptschen Vorlesungen in: Belger (1879) 317f.

9 Lediglich das Ende der Vorlesung ist auf S. 108 vermerkt: „B. 16 März 1862".

Inhaltsübersicht der Vorlesungsnachschrift von 1861/62

Einleitung:
- die Namen des Dichters;
- Catulls Biographie: Lesbia (Clodia), P. Clodius Pulcher; andere Personen (z. B. Caesar, Pompeius, Mamurra, Vatinius, Cicero, Cornelius Nepos);
- poetische Eigenart („Er fühlt immer im Vollen u. Ganzen. Bei ihm ist keine verstandesmäßige Poesie, sie ist Gefühlspoesie. So ist er recht eigentlich der Dichter der Wahrheit" [S. 7]);
- antike Charakterisierungen Catulls (*tener*; *doctus*);
- Versmaße; strophische Gedichtformen;
- griechische Vorbilder (Hipponax; Archilochos; Anakreon; Sappho; alexandrinische Dichter);
- Sprache;
- Rezeption (Velleius Paterculus; Martial; Gellius; Isidor; Ratherius; Pastrengo[10]; Petrarca);
- handschriftliche Überlieferung; Leistung Karl Lachmanns für die Textkonstitution: „Die Kritik des Catull war vor Lachmann nur desultorisch, nicht methodisch. Man fragte einseitig nach dem ästhetisch Schönen, während doch der Kritiker nach dem Echten, nach dem Überlieferten zu suchen hat" [S. 17][11];
- Ausgaben / Kommentare (Justus Jos. Scaliger[12]; Palladius Fuscus, Venedig 1496; Hieronymus Avantius[13]: „willkürlich, sinnreich, unmethodisch"; Muretus 1554[14]; „reichhaltiger" Achilles Statius 1566[15]; Isaac Voss 1684[16]: „Einige gute Emendationen, aber daneben Verkehrtheiten in ärgstem Grade. Er war von 2deutigem Charakter"; Döring 1788 und 1792[17]; Sillig 1823: „miserable Arbeit"[18]; Lachmann 1829 „u. von Haupt wieder besorgt 1861". – Übersetzung von Th. Heyse „anmuthig u leicht".

10 Guglielmo Pastrengo, ein Freund Petrarcas.

11 S. ferner das Zitat bei Belger (1879) 118f.

12 Joseph Justus Scaliger (1540–1609): *Castigationes in Catullum*, Paris 1577; s. Gaisser (1993) 178–192; 372–378; Kiss (2021) 301–303.

13 Girolamo Avanzi: *Emendationes in Catullum et Priapea*, Venedig 1495; ^{2}1500; zu ihm s. Kiss (2011) 269–271; Kiss (2021) 297f.

14 Marc-Antoine Muret (1526–1585); s. Gaisser (1993) 147–168; 355–367; Kiss (2021) 299f.

15 Der in der Nachschrift irrtümlich Achilles Tatius Genannte ist Aquiles Estaço (1524–1581); s. Gaisser (1993) 168–178; 367–372; Kiss (2021) 300f.

16 Isaac Vossius (1618–1689); zu ihm s. Kiss (2015c); Kiss (2021) 303f.

17 Friedrich Wilhelm Doering (1756–1837), Direktor des Gymnasiums zu Gotha: s. Kiss (2021) 305.

18 Carl Julius Sillig (1801–1855); zu ihm s. Kiss (2021) 306; Sillig hat 1830 eine ausführliche Besprechung von Lachmanns Ausgabe verfasst; zu ihr s. Fiesoli (2000) 65f und 87–90.

19 Zu c. 7,11 vgl. Belger (1879) 104.

20 Zu c. 8,14 vgl. Belger (1879) 95.

21 Zu c. 11,21–24 vgl. Belger (1879) 133f.

c. 72: S. 28–29
c. 87: S. 29
c. 86: S. 29
c. 76: S. 29[22]
c. 107: S. 30–31
c. 109: S. 31
c. 46: S. 31–32
c. 101: S. 32
c. 4: S. 32–33
c. 31: S. 33–35
c. 61: S. 35–41
c. 62: S. 41–47
c. 63: S. 47–50
c. 68: V. 1–124[23]: S. 51–57; danach Lücke auf S. 57; S. 58 und 59 leer
c. 64: V. 13 (*incanduit*) – V. 41 (*arboris umbram*): S. 60–62; danach Lücke; c. 64: V. 64 (*velatum*) – V. 107 (*indomitus*): S. 63–65; danach Lücke;
c. 64: V. 138 (*miserescere*) – V. 257 (*iactabant*): S. 66–71; danach Lücke; c. 64: V. 333 [*versus intercalaris*] – V. 408: S. 74–76
c. 65: S. 76–78
c. 66: S. 78–86; danach Lücke; S. 87–89: leer;
c. 10: V. 27 (*inquii*) – V. 34: S. 90–91
c. 22: S. 91; S. 92: leer
c. 38: S. 93
c. 17: S. 93–96
c. 29: S. 96–98
c. 57: S. 98–99
c. 34: S. 99–100
c. 35: S. 100–101
c. 36: S. 101–102
c. 95: S. 102–103
c. 9: S. 103
c. 12: S. 103–104
c. 13: S. 104
c. 24: S. 105
c. 39: S. 105–106
c. 44: S. 106–107
c. 45: S. 107–108.

Die Seiten 28, 38, 39, 57, 62, 65, 71, 86, 108 sind zum Teil,
die Seiten 3, 36, 58, 59, 72, 73, 87, 88, 89, 92, 109–121 ganz unbeschrieben.

22 Zu c. 76,2 (*pius*) vgl. Belger (1879) 149.

23 Haupt gehört zu den denen, welche die 160 Verse trotz der darin verschieden überlieferten Namensformen des Adressaten (dazu Kiss [2008–2009] 19–28; Kiss [2015a]) als Einheit betrachten; zur unitarischen Auffassung s. etwa Döpp (2003) und Döpp (2005); zu der Auffassung, es handele sich um zwei Gedichte (V. 1–40 und V. 41–160) s. vor allem Kiss (2008–2009) 10–33; wichtige Interpretationen aus jüngster Zeit: Gibson (2021) 102–104 und Du Quesnay (2021) 176–178.

Register der behandelten Catull-Gedichte

Moriz Haupt zu Catull c. 66,1–14

Im Folgenden soll von der Vorlesungsnachschrift eine kurze Probe, die Exegese zu c. 66,1–14 vorgestellt werden. Das ist der Beginn eines Gedichts, mit dem Catull eine Elegie des hellenistischen Dichters Kallimachos überträgt, die nur fragmentarisch überliefert ist, die „Locke der Berenike“[24]. Nun stammt von Haupt das der *wissenschaftlichen* Beschäftigung mit antiker Literatur geltende Dictum “Das Uebersetzen ist der Tod des Verständnisses“[25]. Indes, Catulls *poetische* Übertragung bezeichnete er als „unschätzbar“, denn „sie hilft uns den Callimachus erkennen“[26].

Vor dem Abdruck der Vorlesungsnachschrift seien zur Erleichterung der Lektüre noch drei Gegenstände wenigstens gestreift: A) Catulls literarische Vorlage bei Kallimachos, B) Der lateinische Text nach der Lachmannschen Catull-Ausgabe von 1861 (mit meiner Übersetzung), C) Hauptsche Regeln der Exegese (in der Wiedergabe durch Christian Belger): „Forderungen an den Erklärer“.

A)
In der Elegie des Kallimachos erzählt eine Locke vom Haupte Berenikes II. (um 267–221 v. Chr.) ihre Verstirnung (Katasterismos)[27]. Berenike, Tochter des ägyptischen Königs Magas von Kyrene, Enkelin Berenikes I., hatte 246 v. Chr. Ptolemaios III. Euergetes (um 284 – 222) geheiratet. Als der Gatte bald nach der Hochzeit in den Dritten Syrischen Krieg (246–241) zog, gelobte die zurückbleibende Berenike, den Göttern eine Locke ihres Haares zu weihen, falls Ptolemaios wohlbehalten zurückkehre. So geschah es: Nach der glücklichen Heimkehr des Gatten vollzog Berenike das Gelübde in einem Tempel. Als die Locke am nächsten Tag verschwunden war, übernahm der Hofastronom Konon von Samos die Aufgabe, zu verkünden, sie sei von den Göttern unter die Sterne versetzt worden[28].

Zu Moriz Haupts Zeit waren weit weniger Bruchstücke von Kallimachos‘ Gedicht als heute bekannt; erst 1929 konnte Girolamo Vitelli einen Papyrus veröffentlichen, der eine größere Anzahl von Fragmenten enthält; 1934 folgte durch Medea Norsa und Girolamo Vitelli die Publikation von *Diegeseis* (‚Inhaltsangaben‘)[29], in denen etwa der erste Hexameter des Gedichts (Frg. 122 Asper = 110,1 Pfeiffer) überliefert wird.

Von der Vorlage der Catull-Verse c. 66,1–14 kannte Haupt nur Frg. 123 Asper = 110.7sq. Pfeiffer, das Pendant zum Catullischen Distichon V. 7f: Es ist uns vermittelt durch das Scholion zu Aratos‘ *Phainomena* V. 146 (p. 363.16f Maass):

† η με Κόνων ἔβλεψεν ἐν ἠέρι τὸν Βερενίκης
βόστρυχον ὃν κείνη πᾶσιν ἔθηκε θεοῖς

„ [...] es erblickte mich Konon in der Luft, das Haarbüschel der Berenike, das diese allen Göttern geweiht hatte [...]“

24 Zum literarhistorischen Kontext der Übertragung und zu ihrem Charakter s. Knox (2007) 161–163 und vor allem Thomas (2021) 50–52.
25 Belger (1879) 145; ferner s. unten.
26 Vorlesungsnachschrift S. 76.
27 Innerhalb von Kallimachos *Aitia* ist die Elegie am Ende des vierten Buchs platziert.
28 Zum Hergang im Einzelnen s. Zwierlein (1987) und Marinone (1997) 13–26.
29 Zu der Ausgabe von Norsa und Vitelli s. Maas (1934).

B)

In seiner Vorlesung zitierte Haupt nicht seine eigene Ausgabe von 1861 (*Catulli, Tibulli, Propertii Carmina*), sondern die von ihm betreute zweite Auflage des Lachmannschen *Q. Valerii Catulli Veronensis liber*, die den Text der Erstauflage von 1829 unverändert wiedergibt, jedoch Ergänzungen im textkritischen Apparat enthält.

Über sein Verfahren der *recensio*[30] gibt Lachmann vor dem textkritischen Apparat zu *Carmen* 1 eine knappe Auskunft: *Codices D et L. (h. e. Caroli Dati et Laur. Santenii)*[31]*, cum quorum alterutro ceteri non interpolati ubique consentiunt, hac editione totos exhibemus. quas emendationes nullo auctore indicato recepimus, eae Italis saeculi XV debentur* („Mit dieser Edition biete ich die Codices D und L –d. h. die des Carolus Datus und des Laur[entius] Santenius – zur Gänze dar; mit einem von diesen beiden stimmen die übrigen nicht interpolierten überall überein. Die Emendationen, die ich ohne Angabe des Urhebers aufgenommen habe, werden Italienern des 15. Jahrhunderts verdankt"). Mit diesen beiden Sätzen skizziert Lachmann ein neuartiges Verfahren. Hatten frühere Editoren Catulls Gedichte in hohem Maße anhand gedruckter Ausgaben erstellt, Manuskripte aber nur gelegentlich zu Rate gezogen, so stützte Lachmann seinen Catull-Text ausschließlich auf Manuskripte[32] (und verzeichnete andere Quellen namentlich im Blick auf die *emendatio*). Allerdings war problematisch, dass Lachmann als Grundlage seiner Ausgabe jene beiden in Berlin vorhandenen Manuskripte des 15. Jahrhunderts wählte – die kontaminiert (in Lachmanns Terminologie: interpoliert) sind; Lachmanns Behauptung, dass „mit Codex D oder L die übrigen nicht interpolierten Handschriften überall übereinstimmen", trifft nicht zu[33]. Als wenige Jahre nach dem Erscheinen seiner Edition eine wesentlich ältere Handschrift auftauchte, der Codex Sangermanensis Parisinus 14 137 (der inzwischen als einer der wichtigen Codices zur Rekonstruktion des Archetypus herangezogen wird[34]), schrieb Lachmann: „Daß der ... ältere Codex ..., von Saint Germain, vom Jahr 1375, oder andere von Hrn. *Sillig*[35] verglichene noch etwas bedeutendes neues ergeben werden, ist reiner Irrthum"[36].

30 Zum textkritischen Verfahren der *recensio* sei aus jüngerer Zeit verwiesen auf Maas (^{3}1957) 5–9.

31 Die Siglen stammen von Lachmann: D = Datanus = Berolinensis Diez. B. Sant. 37 aus dem Jahr 1463; L = Laurentianus = Berolinensis Diez. B. Sant. 36, zwischen 1450 und 1460; die Königliche Bibliothek zu Berlin (heute Staatsbibliothek zu Berlin Preußischer Kulturbesitz) hatte die beiden Manuskripte 1817 als Teil der Bibliothek des Heinrich Friedrich von Diez erworben, s. Kiss (2021) 307. Carolus Datus (Carolo Roberto Dati) wurde 1619 in Florenz geboren und starb dort 1675; Laurentius Santenius (Laurens van Santen), 1746 in Amsterdam geboren, starb 1798.

32 Kiss (2021) 307. – Zu einigen Gedichten und einzelnen Stellen hat Lachmann nach Sillig (1830) 283 noch vier weitere Codices herangezogen: den Thuaneus Parisinus 8071 aus dem 11. Jahrhundert, der von Catulls Gedichten nur c. 62 bietet, der aber, wie Dániel Kiss (2015c) gezeigt hat, mindestens noch c. 11 enthalten haben wird; den Riccardiensis 606, wahrscheinlich vom Jahr 1457 (aus der Bibliotheca Riccardiana in Florenz); den Laurentianus 33.12 von 1457 (aus der Mediceo-Laurentiana in Florenz) sowie den Parisinus lat. 7989 aus dem Jahr 1423.

33 Fiesoli (2000) 86–88; Kiss (2021) 307.

34 Traditionellerweise spielen hier außer dem Sangermanensis (G) noch eine Rolle: O = codex Oxoniensis = Bodleianus Canonicianus lat. 30, ca. 1370 (Larsen [2019] 115: probably written in Venice in 1360), und R = codex Romanus Vaticanus Ottobonianus lat. 1829, ca. 1375 (Larsen [2019] 116: probably in 1390); der Archetypus, der heute verlorene Veronensis, wird mit V bezeichnet (s. etwa Tarrant [1983]). Das Stemma der älteren Codices ist freilich komplizierter; s. etwa Larsen (2019) 119f; Oakley (2021) 272.

35 Karl Julius Sillig (1801–1855) hatte, zweiundzwanzigjährig, sechs Jahre vor Lachmann eine Catull-Ausgabe erscheinen lassen: *C. Valerii Catulli carmina ad optimorum librorum fidem recognovit, varietatem lectionis indicesque adjecit Carolus Julius Sillig (Gottingae 1823)*; Haupt kanzelte diese Ausgabe als „miserable Arbeit" ab (s. oben).

36 Lachmann (1836) 251 (= Lachmann [1876] 146). Auf diese Stelle bin ich durch P. L. Schmidt (2000) 14 aufmerksam geworden.

Für sein Verfahren bei der Edition Catulls[37] fand Lachmann in Moriz Haupt einen unbeirrbar treuen Verteidiger, der in seiner kultartigen Verehrung für Lachmann auch Schwächen von dessen Methode glorifizierte: In seiner 1854 gehaltenen (allerdings erst 1911 gedruckten) Rede *De Lachmanno critico* schreibt Haupt: ... *Lachmannus, cum necessaria unice spectare soleret, merito satis esse putavit, si eos libros, qui fidem atque auctoritatem haberent, accurate cognosceret atque inter se conferret, eosque a reliquis libris distingueret* („Da Lachmann in einzigartiger Art und Weise auf das Notwendige zu schauen pflegte, nahm er zu Recht an, es genüge, wenn er die Bücher, die Glaubwürdigkeit und Geltung besäßen, genau prüfe sowie miteinander vergleiche und sie von den übrigen Büchern absondere"), und ganz entsprechend heißt es etwa auf Seite 16 der Vorlesungsnachschrift über Lachmann: „Er hat 2 Handschriften als der Urhandschrift am nächsten kommend nachgewiesen. Sie sind D u C [es muss heißen: L] in s. Ausg. genannt. Aus ihnen ergibt sich einigermaßen der Text der Urhandschrift. Lesarten der interpolirten Hdschr. können nur als Coniecturen, nicht als Zeugnisse der Echtheit ... angesehen werden".

Catull c. 66,1–14 in der postumen Ausgabe Lachmanns von 1861:

Omnia qui magni dispexit lumina mundi,
Qui stellarum ortus comperit atque obitus,
Flammeus ut rapidi solis nitor obscuretur,
Ut cedant certis sidera temporibus,
Ut Triviam furtim sub Latmia saxa relegans
Dulcis amor gyro devocet aerio,
Idem me ille Conon caelesti lumine vidit
E Bereniceo vertice caesariem
57 Fulgentem clare, quam multis illa dearum
Levia protendens brachia pollicita'st,
Qua rex tempestate novo auctus hymenaeo
Vastatum finis iverat Assyrios,
Dulcia nocturnae portans vestigia rixae,
Quam de virgineis gesserat exuviis.

[56] 23. despexit *DL.* 24. habitus *L.* 27. furti *D.* sublimia saxa religans *DL.* sub lamia *Parisinus.* 28. gyro *Itali*: guioclero *L.*, *spatium vacuum in D.* 29. in lumine *Vossius.* fecit pr *L.* 30. Eboreo niceo *DL. conf. anthol Lat.* 3,172,8. 57,1. dare *Laurentianus*[38]. cunctis – deorum *Hauptius.* 2. est *libri.* 3. Quare ex *DL.* 4. Vastum *L.* fines *D.* ierat *L.* 6. al. eximiis *margo L.*

37 Speziell zur Beurteilung von Lachmanns Vorgehen bei seiner Catull-Edition s. Belger (1879) 120–123; Wilamowitz-Moellendorff (1921/1998) 59 („ ... das Prinzip der Recensio ist nicht nur wahr, sondern es so aufzustellen, war etwas Großes"); Timpanaro (^{2}1990) 39; (2005) 79; P. L. Schmidt (2000) 14f; Fiesoli (2000) 61–105 und die prägnante Darstellung bei Kiss (2021) 306–308; 307: „... while Lachmann had picked up the wrong manuscripts, his method of basing an edition of Catullus entirely on manuscript sources was absolutely right, and his mistakes in applying it could be corrected by later editors who had access to better codices (and were able to identify them as such)". Weitaus größere Anerkennung als für seinen Catull hat Lachmann für seine Editionen des Neuen Testaments (1831; 1842/50) und des Lucrez (1850) gefunden; zu Lachmanns Lucrez s. vor allem Deufert (2022).

38 Gemeint ist Codex Laurentianus 33.12 aus dem Jahr 1457 (s. Fußnote 32).

Er, der alle Lichter des großen Himmels unterschieden hat,
der den Aufgang und den Niedergang der Sterne kennt, [der weiß,]
wie sich der feurige Glanz der dahineilenden Sonne verfinstert,
wie die Gestirne zu bestimmten Zeiten verschwinden,
wie süßes Begehren die Mondgöttin[39] heimlich in eine Höhle des Latmosgebirges forttreibt
und aus der Himmelsbahn herabruft –
eben er, Konon, erblickte auch mich, wie ich,
eine Locke von Berenikes Haupt,
im himmlischen Licht hell erstrahlte, eine Locke, die sie,
die glatten Arme emporhebend, vielen Göttinnen zu weihen versprach
zu einer Zeit, als der König, jüngst durch die Hochzeit beglückt,
losgezogen war, um das Gebiet der Syrer zu verheeren,
wobei er noch die süßen Spuren des nächtlichen Kampfs trug,
den er um die Beute der Jungfrau geführt hatte.

---

39 Trivia, die Göttin der Dreiwege (griech. Enodia), wurde im Hellenismus mit der Mondgöttin Diana (griech. Artemis) und mit Hecate identifiziert, die ihrerseits mit Luna (griech. Selene) gleichgestellt waren; s. Catull c. 34,15; dazu Baehrens (1886) 201; zu weiteren Beispielen in lateinischer Poesie Baehrens (1886) 460 und Syndikus (2001) 204 n. 27.

C)
An Reflexionen Lachmanns zum „philologischen Verständniss“[40] anknüpfend, stellte Haupt zwei ‚Forderungen an den Erklärer‘ auf;
die eine, an den „Charakter“ gerichtete, „ethische“ lautete:
„Man muss Alles vermeiden, was unter dem Schein des Verständnisses das wahre Verständniss hindert“;
die zweite Forderung richtete sich an den „Verstand“ und „gliederte sich dreifach:

1) Man soll nicht übersetzen[41].
2) Man soll keine grammatischen Kunstausdrücke brauchen.
3) Man soll einen Schriftsteller nicht logisch meistern, sondern ihn psychologisch verstehen.

Wer diese drei Gebote befolgt, der wird einen Schriftsteller historisch verstehen“[42].

Wie Belger mit Nachdruck betont, gelten diese Gebote nicht „dem, der einer Sprache unkundig ..., sich einen Einblick in die fremde Litteratur ... verschaffen will“, sondern ausschließlich für diejenigen, „welche einer fremden, hier alten Sprache wissenschaftlich sich bemächtigen wollen“[43].

Probestück der anonymen Nachschrift der Hauptschen Vorlesung (1861/62)[44]

S. 76// Carm. 65 Widmung der Übersetzung der Callimacheischen Berenice an einen gewissen Ortalus ...

S. 78// Carm. 66. Es folgt jetzt die unschätzbare Übersetzung des Callimacheischen Gedichtes. Sie hilft uns den Callimachus erkennen. Die alexandr[inischen] Dichter sind ganz berechnende Dichter. Sie haben nicht die Unschuld der Volkspoesie[45], auch nicht das Großartige anderer Dichter. Die suchen nach künstlichen Contrasten, um so auf künstliche Weise zu reizen. So paaren sich überall Einfachheit u. Manieriertheit.

S. 79// Alle Kunstmittel werden aufgeboten, der Poesie Würze zu geben. Zur Zeit der Republik beherrschte die alex[andrinische] Poesie die röm[ischen] Dichter vollkommen. Von der Elegie des Call[imachus] sind wenige kleine Fragmente übrig. Ausgezeichnet behandelt von Bentley[46]. Ludwig Caspar Valckenaer[47] bearbeitete sie in s[einen] letzten Jahren. Er hat hier sonderbare Einfälle gehabt. Valck[enaer]‘s Arbeit herausgeg[eben] nach seinem Tode von Lysac[48]. – Ptol[emaios] Euerg[etes] zog a. 245 gegen Seleucus II. Calinicus zu Felde. Dieser Sel[eucus war] Stiefsohn der Berenice, der Schwester des Ptol. Euerg.

---

40 Lachmann (1843) III–X („Vorrede“ zur zweiten Ausgabe des *Iwein*).

41 Besonders pointiert fasst Haupt dieses Gebot mit dem bereits erwähnten Dictum „Das Uebersetzen ist der Tod des Verständnisses“ (Belger [1879] 145).

42 Belger (1879) 144.

43 Belger (1879) 145.

44 Die Unterstreichungen, die der Hörer Haupts reichlich vorgenommen hat, habe ich weggelassen. Um der Bequemlichkeit des Lesens willen habe ich Abkürzungen zumeist in eckigen Klammern aufgelöst und lateinische Zitate in Kursive gesetzt.

45 In seinen poetologischen Reflexionen stellte Haupt, wie im 19. Jahrhundert beliebt, die „Volkspoesie“ der von einem einzelnen Individuum geschaffenen „Kunstpoesie“ gegenüber; zu diesen Termini s. Belger (1879) 163–173 und vor allem Nebrig (2010), der durch eine Analyse des kulturgeschichtlichen Kontextes zeigt, wie bei Haupt „aus der Opposition von Volks- und Kunstpoesie“ „komparatistische Ansätze“ erwachsen.

46 Bentley: *Notae ad elegiam Catulli de coma Berenices*, in: Graevius (1697) p. 436–438.

47 Valckenaer (1799) 51 sqq. Der Klassische Philologe Lodewyk Caspar Valckenaer, geboren am 17. Juni 1715 in Leeuwarden, wurde 1741 Professor an der Universität Franeker und 1766 in Leiden; er starb dort am 15. März 1785.

48 Johan (Joan) Luzak (1746–1807), Schwiegersohn Valckenaers, war Professor an der Universität Leiden.

Er tödtete s[eine] Stiefmutter. Ptol. war auch mit einer Berenice vermählt. Sie versprach ihr Haupthaar [den] Göttern als Weihgeschenk, wenn ihr Gemahl glücklich aus d[em] Feld zurückkehren werde. Ein Mathematiker Conon gab dann einem Sterne den Namen Κόμη Βερενίκης. Der Καταστερισμός dieses Haares vielfach Gegenstand poetischer Schmeichelei, cf. Niebuhr Kl[eine] Schr[iften] I, 229[49]. Cf. Droysen diadoch.[50] – *Dispexit* in Z. 23[51] [hat] schon der Italicus[52]. *Disp[exit]:* etwas in s[einer] Besonderheit erkennen, deutlich sehen. Bentley wollte unnütz *descripsit*[53]. Aber *dispexit* steht dem *comperit* paralleler als *descripsit.* Außerdem trifft *descripsit* den Sinn nicht. – *Mundus* der Himmel, so schon bei Ennius ap[ud] Macrob[ium] Saturn[alia] VI.2[54]: *mundus caeli.* Κόσμος kein poetisches, sondern philosophisches Wort. Das Wort ging dann zu den philosophirenden Dichtern über. Die frühe[55] Poesie hat den Ausdruck abgelehnt. *Mundus* ist röm[ische] Nachahmung mit bewußtem Verständniß der Bedeutung von Κόσμος. – In Z. 28[56] *gyrus* wohl urspr[ünglich] *goerus* in den Hdschr.[57] Das *oe* muss dumpf gespr[ochen] worden sein: s. die Verwechslungen[58] von *Moesia* und *Mysia,* Κύβος u. *coebus, Ulixes* und *Oelixes*[59] u. a. mehr. – Der Latmus ein karischer Berg – die Sage uralt u. karisch. Es muss dort eine Göttin verehrt sein, die man mit der Artemis

49 Niebuhr (1828) 229f.

50 Droysen (1836).

51 Haupt legt seinen Angaben der Versziffern die Lachmannsche Catull-Ausgabe (1826) zugrunde: Lachmann hat dort links neben den Versen Catulls jeweils die Seitenzahlen angeführt, die sich nach seiner Auffassung aus der Anlage des durch *recensio* gewonnenen ‚Archetypus‘ von 76 Seiten zu je 30 Zeilen ergeben (s. Hertz [1851] 121; Haupt [1854/1911] 534f); die übliche Nummerierung nach der Zahl der Gedichte hat Lachmann hingegen lediglich in der Kopfzeile der einzelnen Seiten seiner Edition vermerkt. S. 56 seiner Ausgabe sieht also folgendermaßen aus: In der Kopfzeile steht: „Catullus 65,21–66,26“ (statt 65,21 müsste es 65,19 heißen); es folgt der Text c. 65,19–22 (c. 65 umfasst bei Lachmann 22 Verse, hingegen z. B. in der Ausgabe von Mynors 24 Verse); nach einer Leerzeile beginnt der Text von c. 66 mit den Verszahlen 23–30; mit *Fulgentem clare* lässt Lachmann p. 57 beginnen und eine neue Zählung der Verse einsetzen (bis V. 18 = c. 66,26). Mit Haupts Angabe „Z. 23“ ist also c. 66,1 gemeint. – In der 1861 postum erschienenen, von Haupt betreuten Catull-Ausgabe Lachmanns geht es um die Seiten 59 und 60. – Lachmanns Rekonstruktion der Seiten des ‚Archetypus‘ ist immer wieder als unplausibel abgelehnt worden; genannt seien wenigstens Wilamowitz-Moellendorff (1921; ^{3}1998) 59; Timpanaro (^{2}1990) 39; Fiesoli (2000) 61–85; Timpanaro (2005) 79; s. auch Kiss (2021) 306.

52 Nach Ausweis der mir zugänglichen Ausgaben handelt es sich bei *dispexit* um eine Verbesserung des im ‚Archetypus‘ V (codex Veronensis, heute verloren) überlieferten *despexit* durch Johannes Calphurnius (Giovanni Planza de‘ Ruffinoni, ca, 1443–1503) aus dem Jahr 1481. Zur Bedeutung von *dispicio* s. Gudemans einschlägigen Artikel in: Thesaurus Linguae Latinae vol. 5/1, Sp. 1415, 34f: *transitive: plerumque e longinquo vel de alto aliquid discernere, perspicere, videre.* Verteidigt wird *despexit* von Barrett (1982) und von Larsen (2019) 132, hingegen abgelehnt zugunsten von *dispexit* von Syndikus (2001) 203 n. 20.

53 Bentley (1697) p. 436. Übernommen wird Bentleys Konjektur von McKie (2009), „ but his arguments are not compelling“: Kiss (2011) 262.

54 Sat. 6,2,26.

55 Bei der Lesung dieses Worts bin ich mir nicht sicher.

56 C. 66,6.

57 Zur Schreibweise *goerus* für *gyrus* („Kreis“; hier: „Bahn“) s. Franz Blatt, Art. *gyrus,* in: Thesaurus Linguae Latinae vol. 6, Sp. 2386, 17f. – Zu *goerus* s. auch Haupt: Opuscula vol. 3 (1876) 534: In der *Appendix Probi* ändert Haupt den überlieferten Wortlaut *gyrus non gyrus* in: *gyrus non goerus*; dagegen wendet sich Baehrens (1922) 60: Es müsse vielmehr *gyrus non girus* heißen.

58 Bei der Lesung dieses Worts bin ich mir nicht sicher.

59 Zu den zahlreichen antiken Varianten des Namens Odysseus / Ulixes s. Schmidt (1897–1909) Sp. 645–654.

S. 80// also mit der Selene identifizierte. Die ganze Sage findet sich für uns zuerst bei Sappho nach Schol. ad Apoll. Rhod.[60] Man hat die Liebe der Selene verschieden erklärt. Gemeint ist damit wohl die Mondfinsterniss: wenn der Mond sich verdunkelt, so hat die Göttin den Himmel verlassen und sich niedergesenkt zum Latmischen Berge, wo ihr geliebter End[ymion] den ewigen Schlaf schläft. – *Aerius* steht gerade wie *aetherius*. Man denkt da nicht mehr an den Unterschied zwischen *aether* u *aer*. – Conon in Z. 29[61] ist der schon erwähnte Mathematiker. Bei Hygin heißt er Samius Mathematicus. – *Caelesti numine* = durch göttl[iche] Fügung u. dgl. unmöglich. Callim[achus] hat: ἐν ἠέρι. Dieser Gedanke ist auch hier nöthig. Es muss gesagt werden, wo er den neuen Stern sah[62]. Gut Vossius: *caelesti in lumine*[63]. Schon Canter hatte den Weg gezeigt: *caelesti lumine*[64]. Is. Voß fügte schön das *in* hinzu. – *Beronice* ganz gewöhnl[iche] macedonische Form. Auch *Berenice* ist macedonische Form. Die Maced[onen] hatten B statt Φ, so Βίλιππος. *Beronice* ist übrigens unser heutiger Name Veronica, die Variante in Z. 30[65] könnte darauf führen, daß hier *Beron.* gestanden. Doch *Beren.* ist die edlere kallimacheische Form, sie ist auch die gewöhnliche. In der Anthol. Lat. III. VI 2.8[66], wo diese Stelle nachgeahmt ist, findet sich auch diese Form. – Pag. 57 1 u. 2[67] thöricht von Valckenaer für unecht erklärt. Er nahm Anstoß an *fulgentem clare*, weil Eratosth[enes] sagt, der Stern gehöre zu den ἀμαυροί[68]. Doch der Dichter muss hier den Stern hell leuchten lassen. Das Gedicht ist ja enkomiastisch. Sodann erklärt V[alckenaer], er könne das *brachia protendens*, das doch so menschlich u natürlich ist, nicht verstehen. Sodann nimmt er Anstoß an *multis*

S. 81// Dearum Anstoß[69] u das mit Recht. Aber diese Stelle bedarf der Emendation. Das Distichon ist deswegen noch nicht unecht. Bei Callim. steht πᾶσιν θεοῖσιν, daher Haupt: *cunctis – Deorum*, cf. 25[70]: *cunctis divis. Cunctus* c. Gen. [ist] gesichert durch Ovid. Met. IV 630[71]. – *Auctus novo h[ymenaeo]* weiter nichts als: vor kurzem erst verheirathet von pag. 43.2[72]. Thörich haben Einige an Cyrene gedacht, die Mitgift der Berenice. – *Assyrios* katechrestisch für *Syrios*. – *Virgineae exuviae*[73] bez[eichnet] die *virginitas* selbst.

60 Scholion zu Apollonius Rhodius 4, 57 (p. 264 Wendel) = Carminum Sapphicorum Fragmenta 199, in: Lobel – Page (1963) p. 105: περὶ δὲ τοῦ τῆς Σελήνης ἔρωτος ἱστοροῦσι Σαπφὼ καὶ Νίκανδρος ... λέγεται δὲ κατέρχεσθαι εἰς τοῦτο τὸ ἄντρον (τὸ Λάτμιον) τὴν Σελήνην πρὸς Ἐνδυμίωνα („Über die Liebe der Selene erzählen Sappho und Nikander ... Es heißt, Selene komme herab in diese Höhle [des Latmos] zu Endymion").

61 C. 66,7.

62 Mettes Verteidigung des überlieferten *numine* (1955) wird von Syndikus (2001) 202 n. 19 m. E. zu Recht abgelehnt.

63 Vossius (1684) p. 258.

64 Canter (1564) p. 177; Canter (1566) p. 187.

65 C. 66,8.

66 Anthologia Latina (1870) c. 916,8 Riese (*E Beronicaeo detonsum uertice crinem*); das Gedicht 916 wurde zusammen mit drei anderen von Aldus Manutius (1547–1597) 1590 zum ersten Mal herausgegeben.

67 Es geht um c. 66,9f; zu diesen Versen s. besonders Marinone (1997) 90–94.

68 Eratosthenes, Katast. 12; ἄμαυρος bedeutet: schwach schimmernd, unkenntlich.

69 Das Wort ist als Dublette zu streichen.

70 Vgl. noch c. 66,33; s. auch Haupt (1875) 59sq. und aus jüngerer Zeit Marinone (1997) 95f.

71 In der Oxford-Ausgabe (P. Ovidi Nasonis Metamorphoses recognovit brevique adnotatione critica instruxit R. J. Tarrant, Litterarum Latinarum professor apud Harvardianos [Oxonii 2004]) handelt es sich um 4,631: *Hic hominum cunctis ingenti corpore natus*); zu weiteren Belegen für *cunctus* mit dem partitiven Genetiv s. Wulff, 1402, Z. 44–59. – Larsen (2019) 135 behauptet, Kallimachos' πᾶσιν θεοῖσιν sei Haupt unbekannt gewesen, und fährt fort: „The partitive in Haupt's conjecture [*cunctis ... deorum*] is ... unparalleled in both Greek and Latin".

72 C. 64,25.

73 Diesem Vers liegt die besonders in der Elegie beliebte Vorstellung des erotischen Kampfes, der *rixa amoris*, zugrunde; s. etwa Properz 2,15,3–10 und Claudian c. 14 (Hall) [fesc. 4], 28f (angeredet ist Kaiser Honorius): *Tum uictor madido prosilias toro / nocturni referens uulnera proelii* („Dann magst du als Sieger vom feuchten Bett aufspringen, / vorweisend die Wunden des nächtlichen Gefechts"); s. dazu besonders Baehrens (1886) 462; Marinone (1997) 97f und Wasdin (2014) 56–60.

Es wäre abwegig, wollte man aus der Erklärung von gerade einmal vierzehn Versen eine allgemeine Aussage über Haupts Exegese extrapolieren, zumal wir ja nicht wissen, wieviel von seinem mündlichen Text bei der Nachschrift weggefallen ist. Unter diesem Vorbehalt lassen sich für das Probestück folgende Beobachtungen treffen. Die Erklärung einzelner Worte spielt eine große Rolle, namentlich im Zusammenhang mit textkritischen Überlegungen, vor allem mit Emendationen, wobei Haupt nicht mit harschen Urteilen über seine Vorgänger spart. Was die „Forderungen an den Erklärer" betrifft, so deutet sich „psychologisches Verstehen" im Kommentar zu *brachia protendens* in V. 10: „das doch so natürlich u. menschlich ist" immerhin an. „Grammatische Kunstausdrücke" sind gemieden – es hätte etwa nahegelegen, den Text als der personhaft vorgestellten Locke in den Mund gelegte Rede, als Prosopopoiie zu charakterisieren. Über die syntaktische Struktur des Textes – es handelt sich ja um ein einziges, weitgespanntes Gebilde[74] – fehlt ein Wort. Ebenfalls nicht berührt wird das metrisch Auffällige in Vers 11: Hiat zwischen *novo* und *auctus*[75] sowie bei *auctus* die Messung der auf *-s* auslautenden Endsilbe, auf die ein mit Hauchlaut beginnendes Wort (*hymenaeo*) folgt, als Länge[76]. Im Ganzen liegt Wortphilologie vor, die beim Hörer nicht nur manche Kenntnisse etwa in antiker Metrik voraussetzt, sondern auch waches, intensives Mitdenken erfordert. Es ist eine Art von Analyse, die unentbehrlicher Bestandteil jeglicher Textinterpretation bleibt. Wie allein Haupts Konjektur *cunctis ... deorum* für das überlieferte *multis ... dearum* in V. 9[77] zeigen kann, lohnt sich auch heute noch ein Blick auf seine Exegese Catulls, die nach dem Urteil Wilamowitz-Moellendorffs „das Sprachgefühl und das Stilgefühl" des Lesers zu fördern vermag[78]. Nun sind freilich Sprachgefühl und Stilgefühl Begriffe, die sich einer eindeutigen Bestimmung zu entziehen scheinen[79] – gleichwohl kommt dem, was sie nach einem verbreiteten Sprachgebrauch bezeichnen, in der Textkritik eine wichtige Rolle zu; verwiesen sei auf Paul Maas' Feststellung: „Der Maßstab für gut oder schlecht im Sinne dieser Prüfung [gemeint ist die *examinatio*, d. h. die Prüfung, ob die Überlieferung als original gelten könne] ist natürlich kein absoluter; für die Beurteilung des Formalen ist der Stil des Schriftwerkes, für die des Inhaltlichen die vermutliche Sachkenntnis (oder Anschauung) des Autors maßgebend. Für das Sachliche ist der Philologe sehr oft auf die Hilfe anderer Wissenszweige (Fachwissenschaften usw.) angewiesen; für das Stilistische ist er allein verantwortlich, und sein Gefühl hierfür zu vervollkommnen, wird zeitlebens sein eifrigstes Bestreben bleiben müssen, auch wenn er einsieht, daß ein Menschenleben nicht ausreicht, um eine wirkliche Meisterschaft auf diesem Gebiete reifen zu lassen"[80].

74 Zur Struktur dieser Periode s. etwa Marinone (1997) 98 zu v. 14.

75 Goold (1983) beseitigt den Hiat kurzerhand, indem er *auctus* durch *auctatus* ersetzt; im Übrigen s. die gehaltvolle Erörterung bei Baehrens (1886) 462.

76 S. dazu Marinone (1997) 95f, der etwa auf Vergil *ecl.* 6,53 (*fultus hyacintho*) verweist; die Erscheinung findet sich aber auch (ohne den folgenden Hauchlaut eines griechischen Lehnworts) in einem Fall wie *ecl.* 10,69: *omnia vincit Amor* (Langmessung von *-or*) *et nos cedamus Amori.*

77 Die Konjektur wurde z. B. von Kroll (5. Auflage 1968), Mynors (1958) und Bardon (^{2}1973) nicht übernommen, akzeptiert hingegen von Baehrens (1886) 82 und 461sq.; Schwabe (1886), Goold (1983), Courtney (1985) 92 und Syndikus (2001) 204 n. 25; nach Marinone (1997) 62 hat bereits der Codex Hamburgensis in scrinio (1460–1470) *multis ... deorum.*

78 Wilamowitz-Moellendorff (1921/1998) 64.

79 Zum Aufkommen und zur Bedeutung des Terminus Sprachgefühl s. etwa Hohm (2005) 26–30.

80 Maas (^{3}1957) 10.

Wolfgang Schadewaldt
1924

Klingnero coll. opt.
d. d.
Schadewaldt
Lipsiae MCMXL

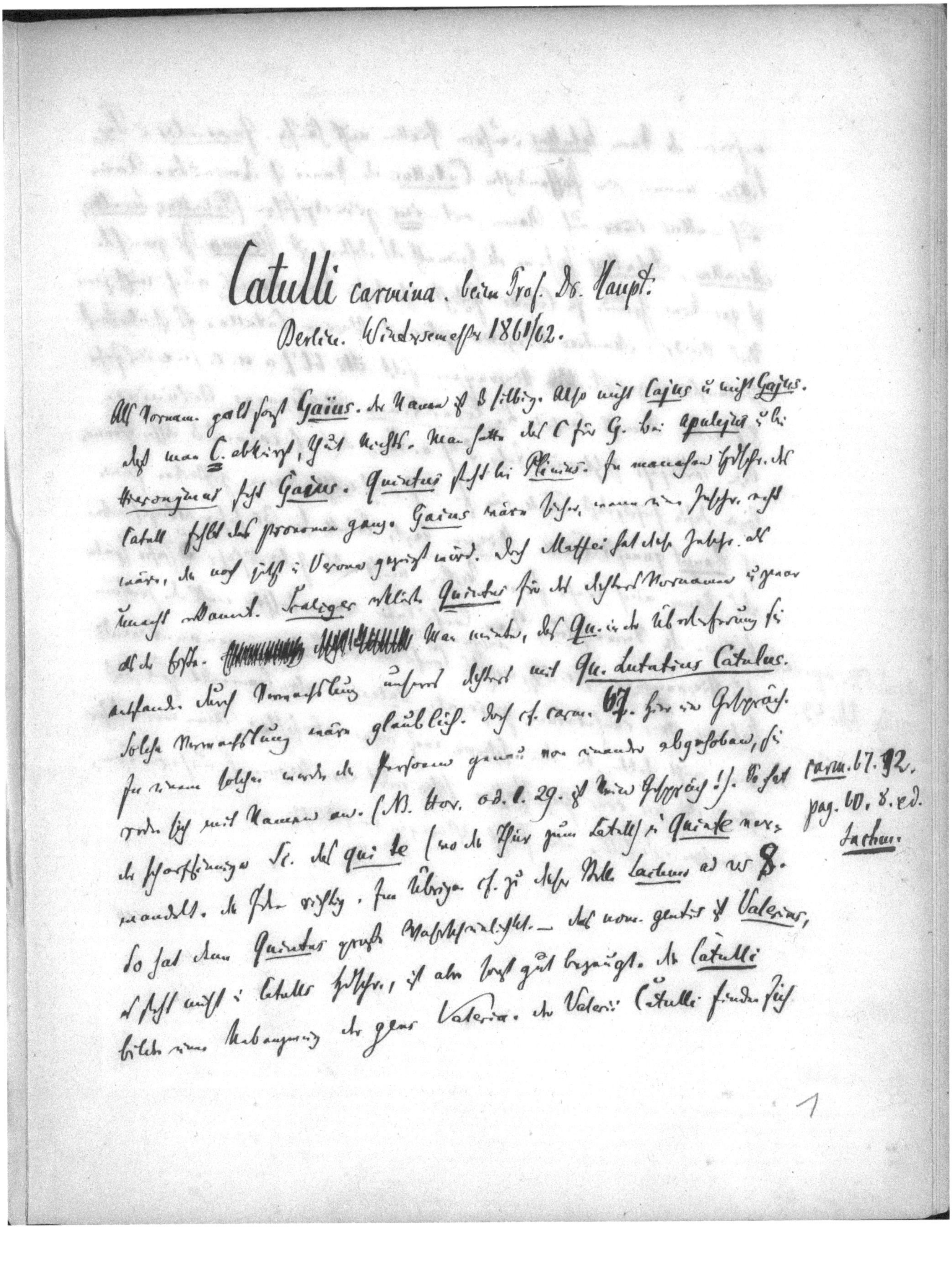
Catulli carmina. beim Prof. Dr. Haupt.
Berlin. Wintersemester 1861/62.

carm. 67. 92.
pag. 60. 8. ed.
Lachm.

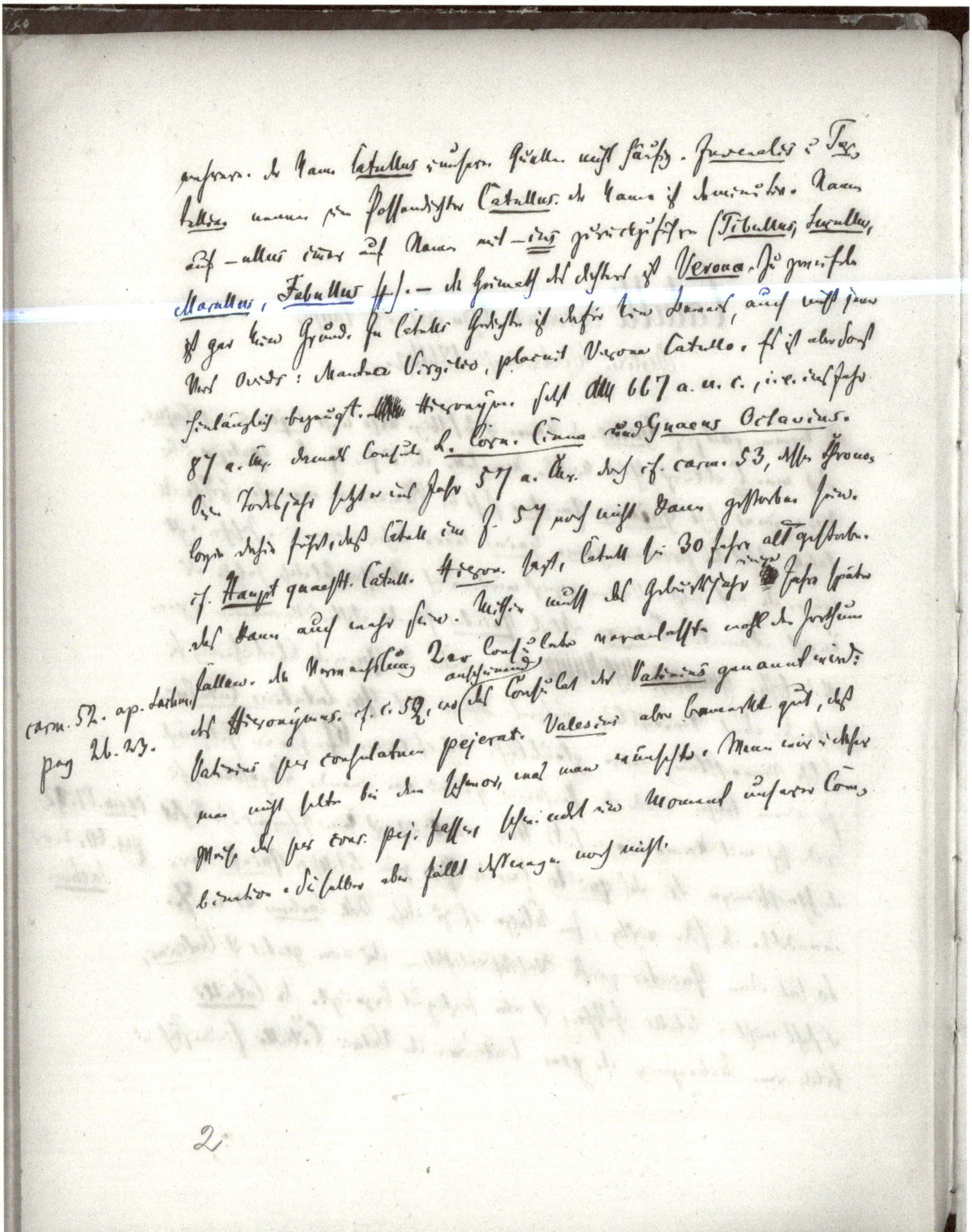

Unter dem Namen Lesbia feiert Catull die Clodia. Daß sie es ist, bezeugt Apuleius.
Das Zeugnis hat Autorität. Die spätere Vita hat keine Autorität, wenn sie
auch das Zeugnis des Ap. bestätigt. Sie wird genannt [illegible] primaria.
Clodia ist die 2te Tochter des App. Claud. Pulcher, die Schwester des berüchtigten
P. Clodius Pulcher, cf. Drumann R. G. II. p. 376. Sie ist übel beleumundet.
Qu. = frei um 1/4 As. Sie ward quadrantaria gescholten. Ihre Sittenlosigkeit ist nicht zu bestreiten.
von der der Zeit, cf. Plut. Cic. über [illegible] Sie lockte junge Männer
an sich [illegible] mit ihnen, [illegible] in den Bädern von Bajae. Catulls politische
Neigung that ihrer [illegible] Maß keinen Eintrag. Außerdem hat Catull eine
entschiedene politische Stellung ergriffen. Zudem sind zu Zeiten solcher Auf-
lösung die Parteien nicht so abstrakt geschieden, cf. das Verhältnis des Pomp.
Atticus zur Clodia trotz der feindl. Stellung beider Häuser. – Cic. p. Cael.
II. 33. deutet auf unerlaubten Umgang des P. Clod. Pulcher mit s. Schwester,
ap. Lachm. p. 68. II. jener quadrantaria. In c. 79. ist Lesbius natürlich der Bruder der Lesbia,
Lesbius pulcher = Clod. Pulcher. Auch hier Anspielung auf unkeuschen
Umgang. Nach der Meinung Murets, wogegen Scaliger ankämpfen
wollte, [illegible], mit Lesbius ist Sextus Clodius gemeint, ein
Genosse des P. Clod. Pulcher u. Buhler jener quadrantaria. Cicero nennt
den P. Clod. P. an u. nennt jenen Sext. Clodi: socius tui sanguinis.
Cic. p. dom. c. 18. c. 19. c. 31. p. Cael. c. 32. die Clodia (die Lesbia des Catull) war jene Quadran-
taria. Das bestätigt sich überall. cf. c. 77. c. 79. In diesen Gedichten wird die

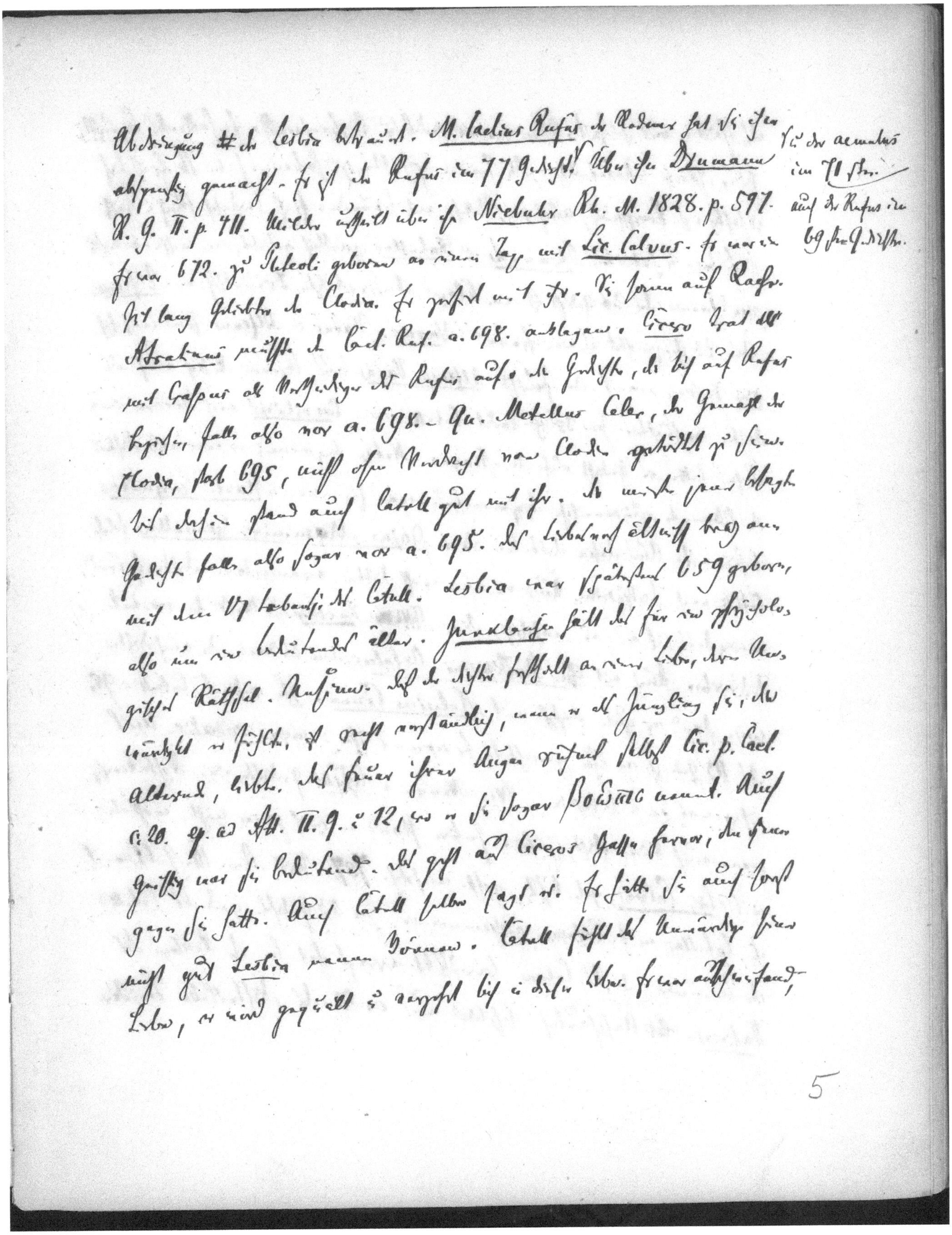

Abneigung [illegible] der Lesbia bekannt. M. Caelius Rufus der Redner hat sie schon abspenstig gemacht. Er ist der Rufus im 77 Gedicht. Über ihn Drumann R. G. II. p. 411. Weiteres [illegible] über ihn Niebuhr Rh. M. 1828. p. 597. Er war 672. zu Puteoli geboren an einem Tage mit Lic. Calvus. Er war eine Zeit lang Geliebter der Clodia. Er zerfiel mit ihr. Sie sann auf Rache. Atratinus musste den Cael. Ruf. a. 698. anklagen. Cicero trat als mit Crassus als Vertheidiger des Rufus auf. Die Gedichte, die sich auf Rufus beziehen, fallen also vor a. 698. – Qu. Metellus Celer, der Gemahl der Clodia, starb 695, nicht ohne Verdacht von Clodia getödtet zu sein. Bei dessen [illegible] stand auch Catull gut mit ihr. [illegible] Gedicht fallen also sogar vor a. 695. Das Liebesverhältnis [illegible] mit dem Verhältnis des Catull. Lesbia war spätestens 659 geboren, also um ein bedeutendes älter. Jungclaussen hält das für ein psychologisches Räthsel. [illegible] der Dichter [illegible] an einer Liebe, deren [illegible] [illegible] nicht verständlich, wenn er als Jüngling sie, die alternd, liebte. Das Feuer ihrer Augen rühmt selbst Cic. p. Cael. c. 20. ep. ad Att. II. 9. u. 12, wo er sie sogar βοῶπις nennt. Auch geistig war sie bedeutend. Das geht aus Ciceros Hasse hervor, den er gegen sie hatte. Auch Catull selber sagt es. Er hätte sie auch sonst nicht gut Lesbia nennen können. Catull fühlt das Unwürdige seiner Liebe, er wird gequält u. vergisst sich in dieser Liebe. Er war ausser Stand,

Sie der [illegible] im 71 Ged. auch der Rufus im 69 Gedicht.

5

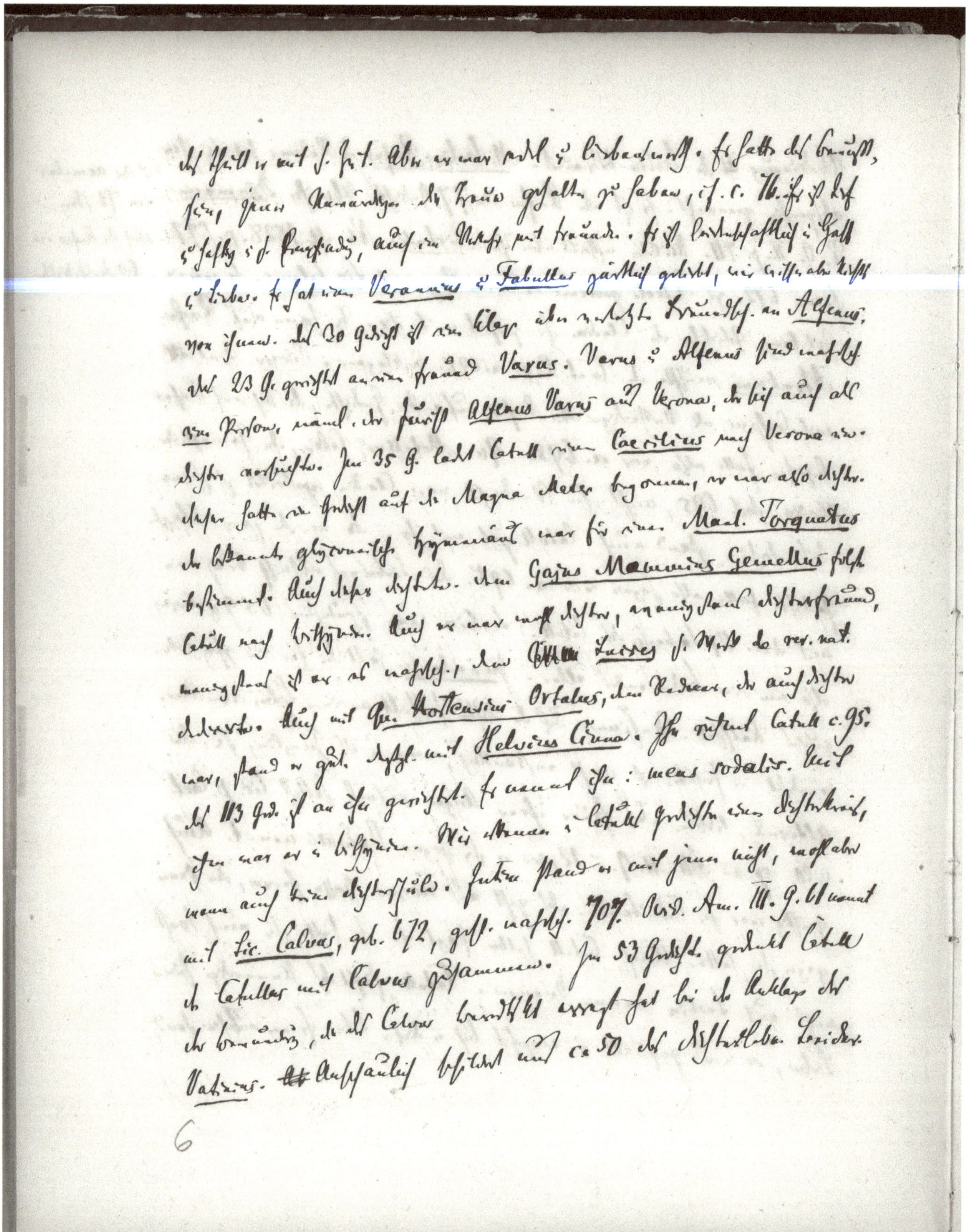

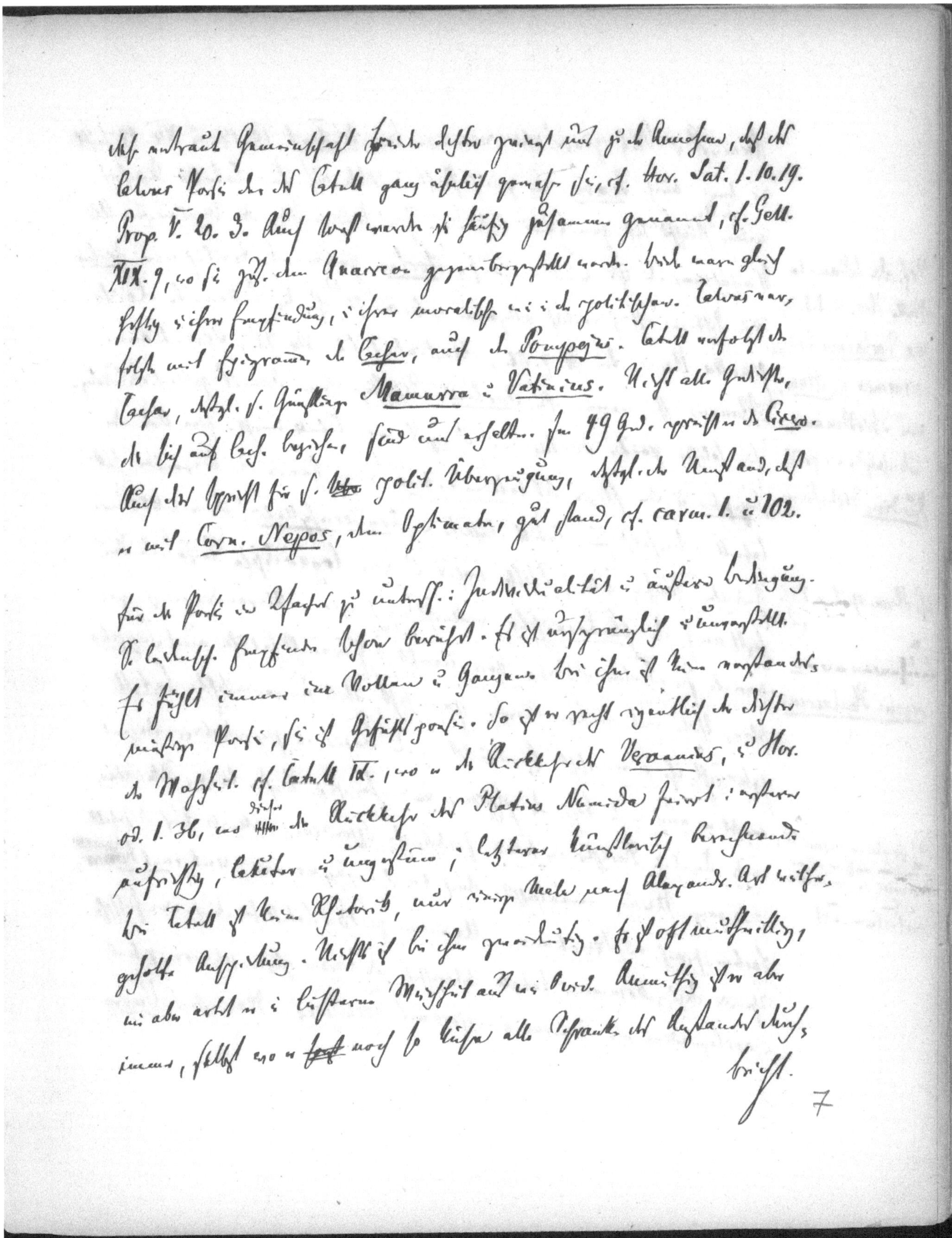

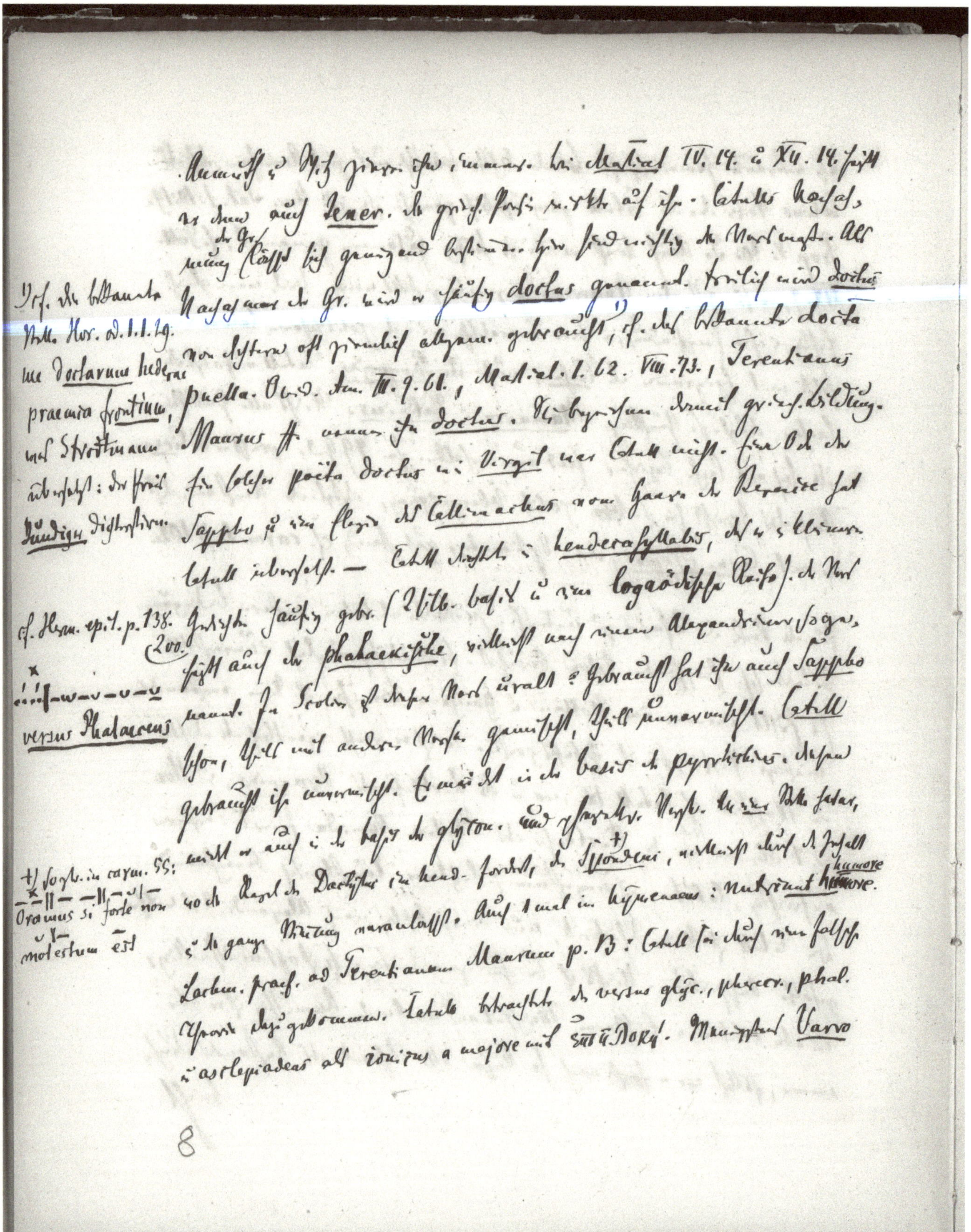

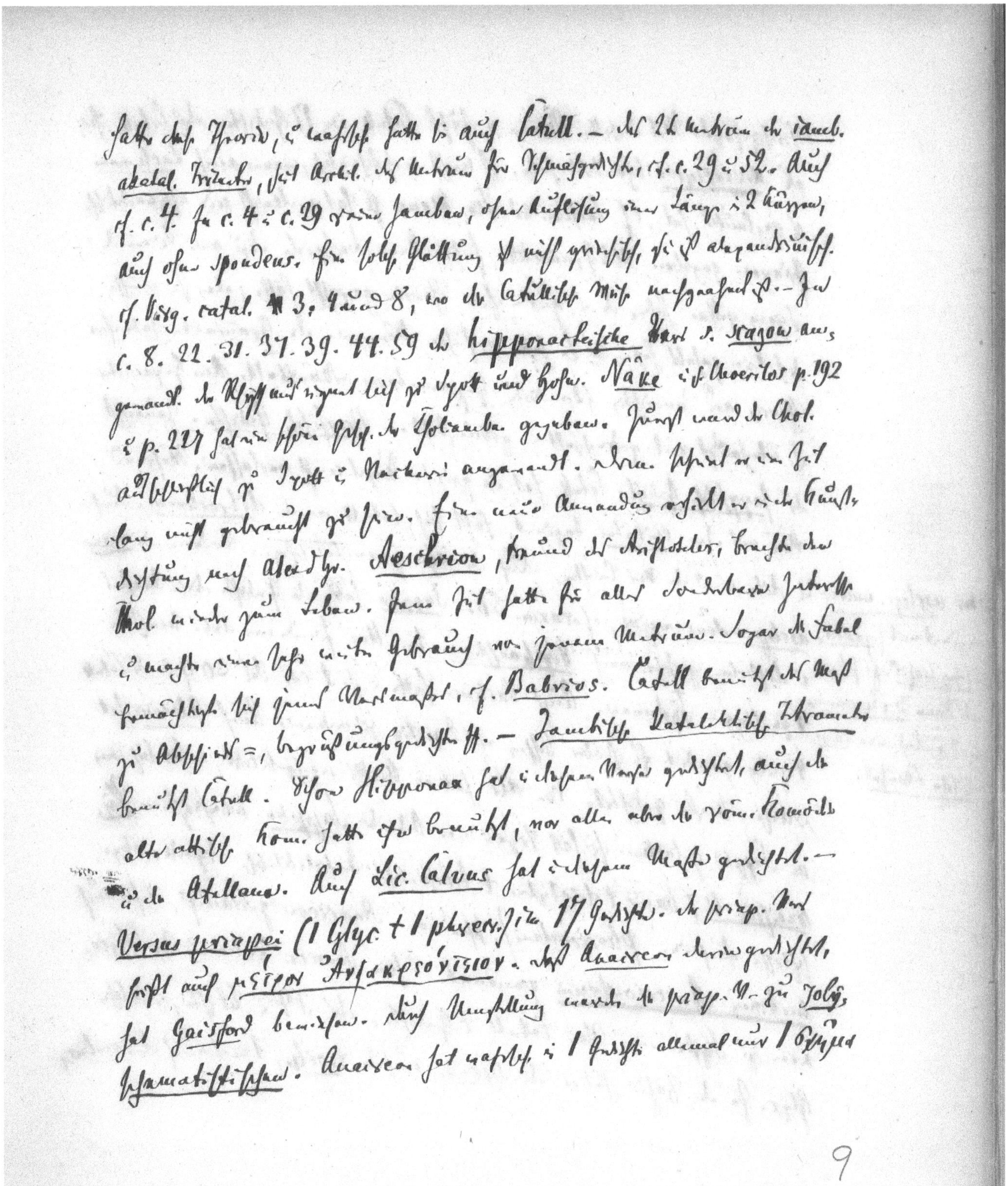

durchgeführt. Mit derselben Strenge verfährt Catull in 17 Gedichten. Daß Catull ihn als ἀντίσπαστος behandelt habe, ist nicht wahrscheinlich, wenn auch Lachmann es geglaubt hat, cf. Lachm. ad Ter. Maur. Es hat vielleicht nie [illegible] Antispast gegeben. Alte Grammatiker führen keine Beispiele dafür an. Sie würden es gern gethan haben, da er gut in ihre Theorie gepaßt hätte; aber sie müssen doch keine gehabt haben, die sie hätten anführen können. Die Grammatiker haben ihn [illegible] Theorie [illegible] Hexametern entgegengestellt. Den Hexameter [illegible] ist überhaupt viel [illegible] gestellt. – Vierzeilige Gedichte. Zunächst die sapphische Strophe. Catull hat die griech. Regel nicht verlassen. Während Hor. mit dem Epitriten beginnt, hält sich Catull an den Ditrochaeus. Auch [illegible] grammatikalisch. – [illegible] der Ditr. wird der [illegible], [illegible]. Sappho hatte die Gedichte dieses Maßes asclepiadeus major, [illegible] 30. Sappho hatte die Gedichte dieses Maßes in dieselben gebr. nach Hephaestion. Bei Hor. finden wir dieses Maß in 4zeiligen Systemen. Auch Lachm. hatte [illegible] 1 ed. der 30 Gedichte des Catull 4zeilig geordnet. Es ist aber besser sie 2zeilig zu ordnen. Auch Alcaeus hat [illegible] Vers nachgebildet, er hat sich einer [illegible] Metren gedichtet. Von Alc. hat er [illegible] Ode der Sappho übersetzt. – Glyc. an Sappho gehalten. Er hat sogar eine Ode der Sappho übersetzt. – Glyc. [illegible] katalektische [illegible], ab[illegible], [illegible] V. (basis + dactylus + trochäische [illegible]), schon von Anacreon gebraucht, daher auch [illegible] Pherecrateus], schon von Anacreon gebraucht, daher auch metrum Anacreonteum genannt. Schon Anacr. verband die Glyc. [illegible] zu Systemen. Von Catull 2 Gedichte, das 34 u. 61 [illegible], in solche zu Systemen. Glyc. In der Basis hat er den Spond., außerdem troch., 1mal auch den iambus,

Der asclep. maior beginnt mit spondeus, [illegible] Basis. Es folgen alsdann 3 choriamben und endlich eine iambische Klausel.

[illegible] aber einem [illegible] oder ein 3silbigen basis. Im 61 Ged. sind allemal 4 Verse
als 1 [illegible] Vers zu fassen [illegible] Annahme [illegible] der Umstand, daß Vocal [illegible] Ged.
[illegible] hymenaeus. Als 62 Ged. [illegible]
[illegible] Nachbildung von einem Sapph.
Ged. – der galliambische Vers (ἀνακλώμενον) findet sich zuerst bei Alcaeus, cf.
bei Bergk poet. lyr. fragm. 97. cf. schol. ad Soph. [illegible] 153. [illegible] cf. Herm. epit.
häufiger gebr. in Gedichten auf die Magna Mater, deren Priester Galli hießen. pag 178.
die Alexandriner dichteten [illegible] Galli [illegible] Catull Vorbild [illegible]
4 ionici a minori, denn die letzte Silbe fehlt [illegible] Form hat Catull
[illegible] hat die ἀνάκλασις [illegible] 2er ionici a minori [illegible]
epitritus [illegible] den paeon. Auch Varro hat Galliamben [illegible] saturis.
Auch elegische [illegible] hat Catull [illegible] Epigramme.

Hipponax, Archilochus, Anacreon & Sappho [illegible] Alexandriner [illegible]
Vorbilder. [illegible] Nachahmung. die alte nationale Poesie
der Römer [illegible] Ennius [illegible] Nachbildung der Gr. hat Livius Andronicus.
[illegible] alex. Gelehrsamkeit nach Rom kam, so auch alex. Poesie. Gelehrte Poesie
[illegible] zugänglicher [illegible] als nationale [illegible] alex. [illegible]
[illegible] der röm. [illegible] alex. [illegible]
[illegible] der Römer an. Qu. Lutatius Catulus
Poesie [illegible] Cicero übersetzte die Phaenomena des
[illegible] Epigramme des Callimachus,
Aratus. Cic. Tusc. [illegible] Nachbetern des Euphorion, [illegible]
[illegible] auf Corn. Gallus. [illegible]
[illegible] Ennius [illegible] Catull [illegible] c. 66 des
[illegible]

11

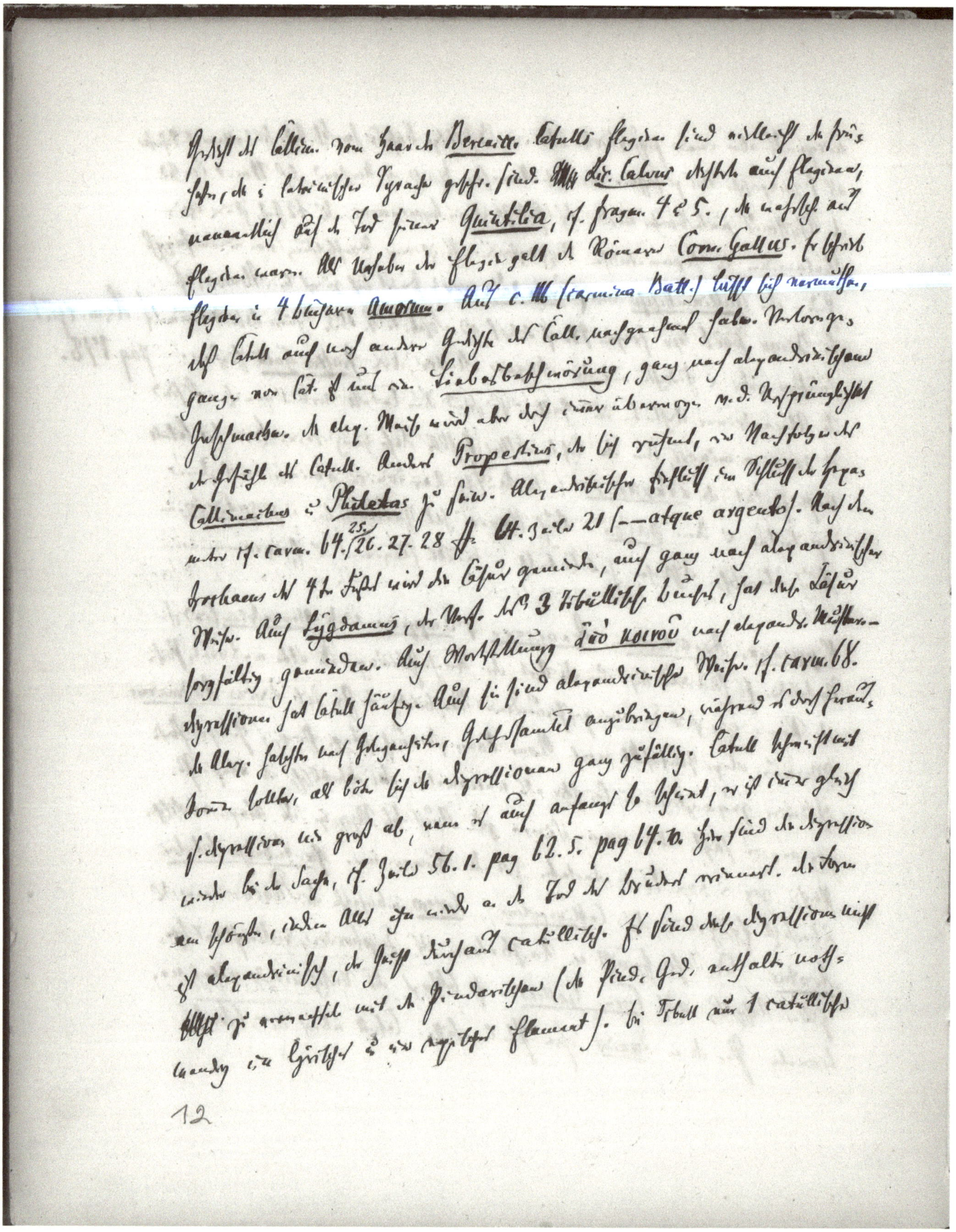

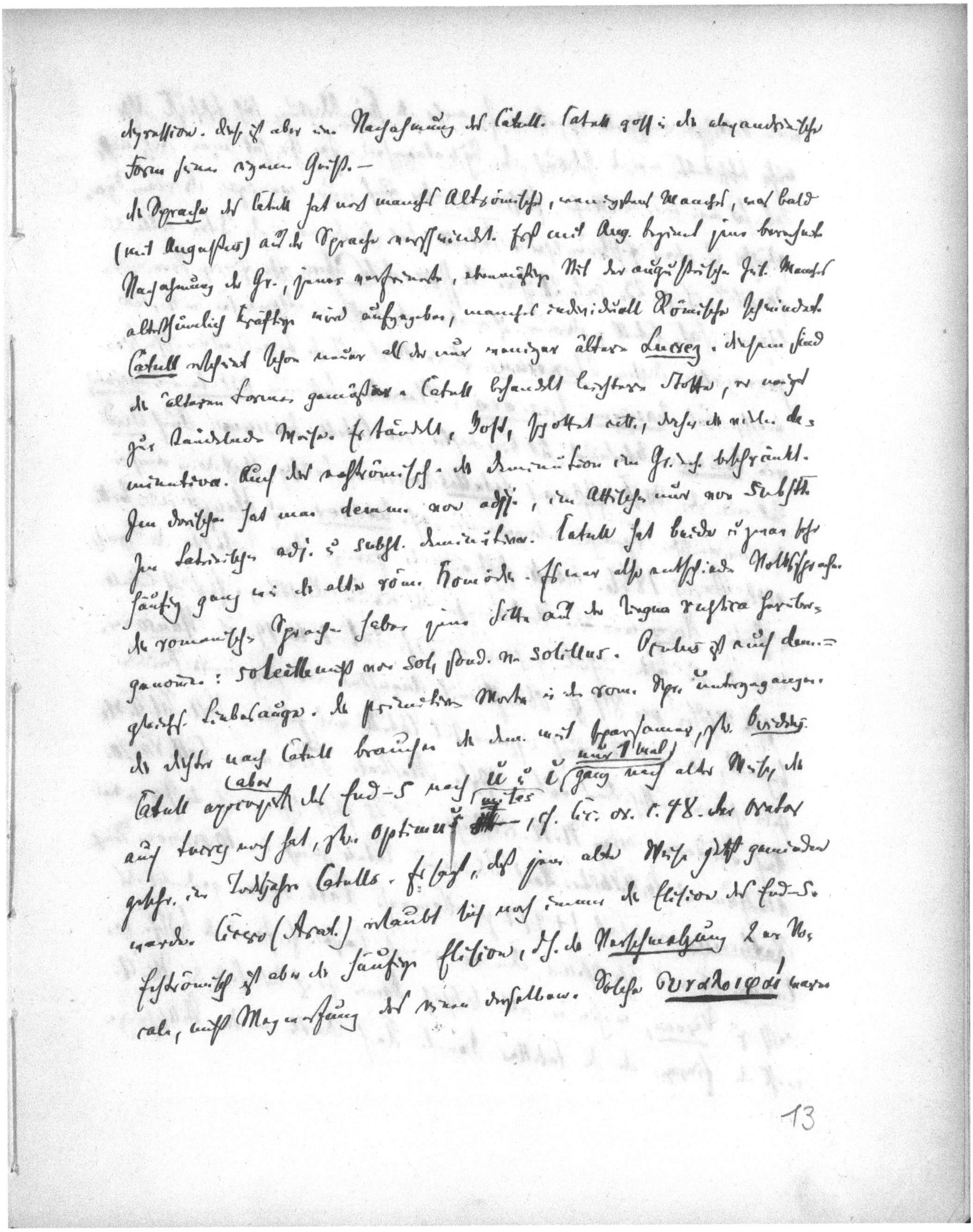

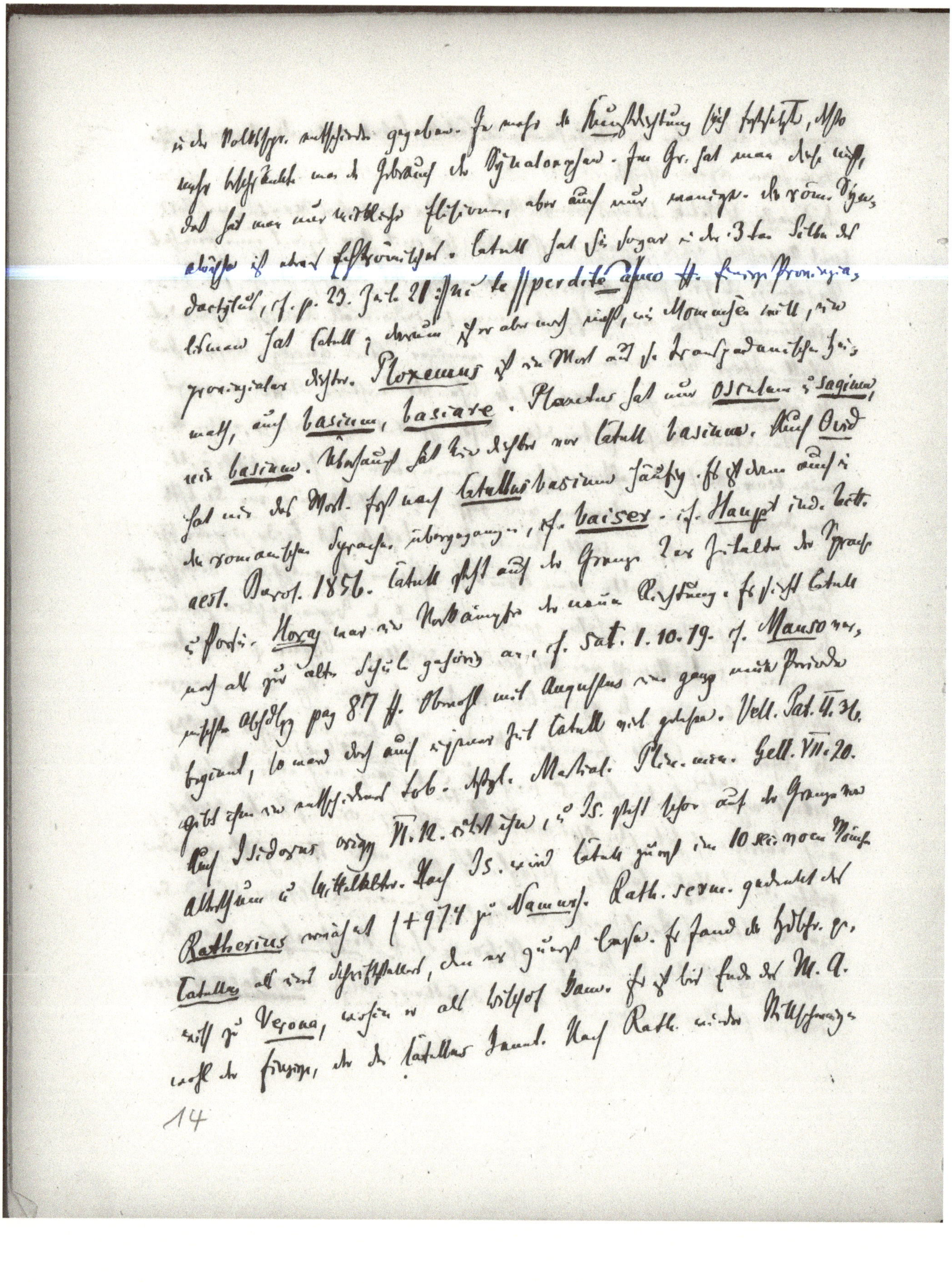

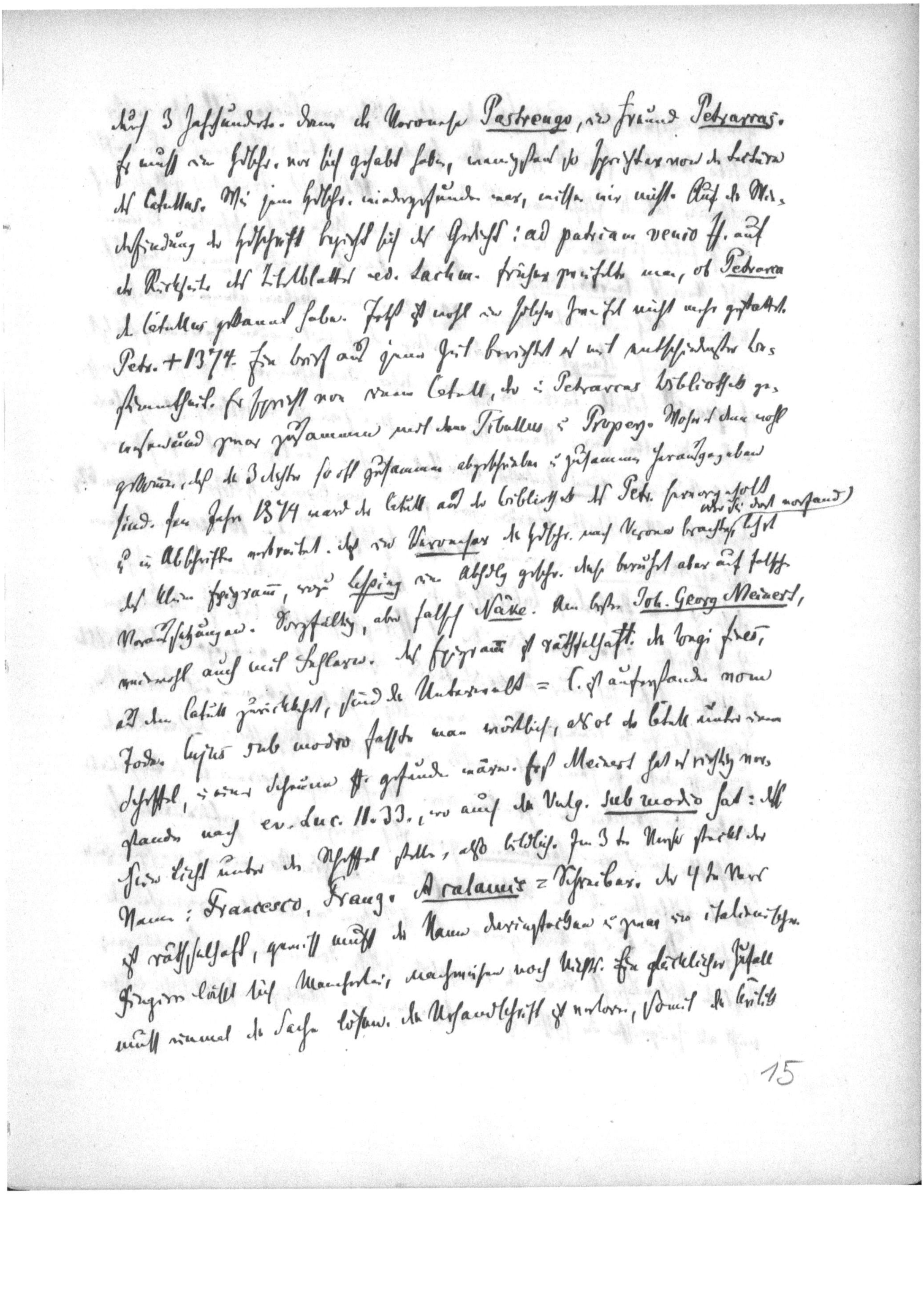

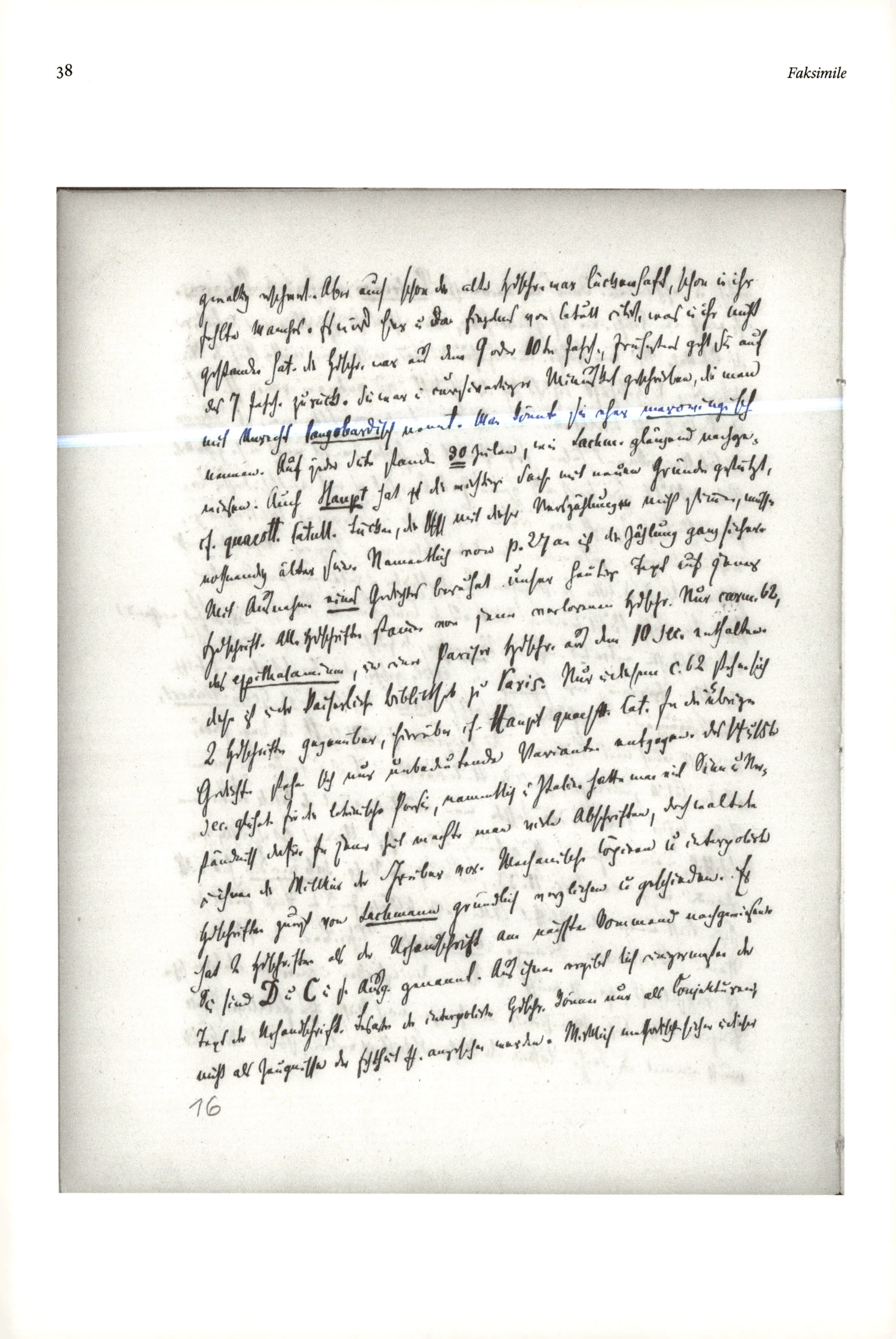

[illegible]

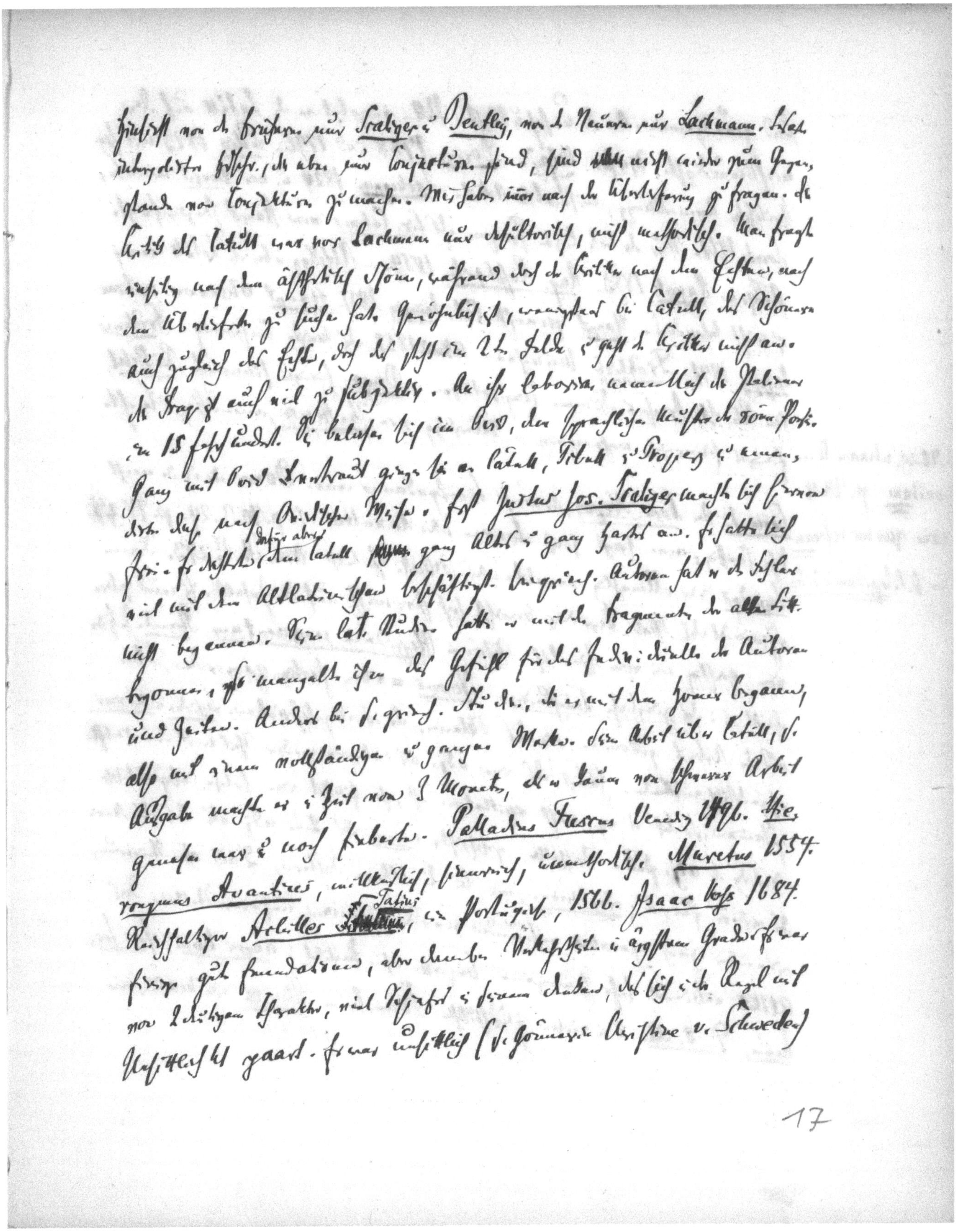
Hinsicht von den Früheren nur Scaliger u. Bentley, von den Neueren nur Lachmann. Letzt-
[illegible] Gelehrter, die aber nur Conjekturen sind, sind nicht wieder zum Gegen-
stande von Conjekturen zu machen. Wir haben immer nach der Überlieferung zu fragen. Die
Kritik des Catull war vor Lachmann nur ästhetisch, nicht methodisch. Man fragte
wesentlich nach dem ästhetischen Schönen, während doch der Kritiker nach dem Echten, nach
dem Überlieferten zu suchen hat. Gewöhnlich ist, wenigstens bei Catull, das Schönere
auch zugleich das Echte, doch das [illegible] Felde u. geht der Kritiker nicht aus.
Die Frage ist auch viel zu subjektiv. An ihr laborirten namentlich die Italiener
im 15 Jahrhundert. Sie beliefen sich im Vers, den sprachlichen Mustern der römischen Poesie
ganz mit [illegible] gingen sie an Catull, Tibull u. Properz u. emen-
dirten diese nach [illegible] Maße. Erst Justus Jos. Scaliger machte sich hiervon
frei. Er richtete dafür aber den Catull ganz alterthümlich u. ganz hart an. Er hatte sich
viel mit dem Altlateinischen beschäftigt. [illegible] Autoren hat er [illegible]
nicht begonnen. Seine lat. Studien hatte er mit den Fragmenten der alten Litt.
begonnen, oft mangelte ihm das Gefühl für das Individuelle der Autoren
und [illegible]. Anders bei seinen griech. Studien, die er mit dem Homer begann,
also mit einem vollständigen u. ganzen Werke. Seine Arbeit über Catull, die
Ausgabe machte er in Zeit von 3 Monaten, als er Pause von schwerer Arbeit
genossen war u. noch fieberte. Palladius Fuscus Venedig 1496. Hie-
ronymus Avantius, [illegible], [illegible], [illegible]. Muretus 1554.
Rechtschaffener Achilles Tatius, ein Portugiese, 1566. Isaac Voss 1684.
[illegible] gut emendirt, aber daneben [illegible] in ärgstem Grade. Er war
von [illegible] Charakter, viel [illegible] u. [illegible], [illegible] die Regel mit
Unsittlichkeit gepaart. Er war unsittlich (d. Günstling d. Christine v. Schweden)

17

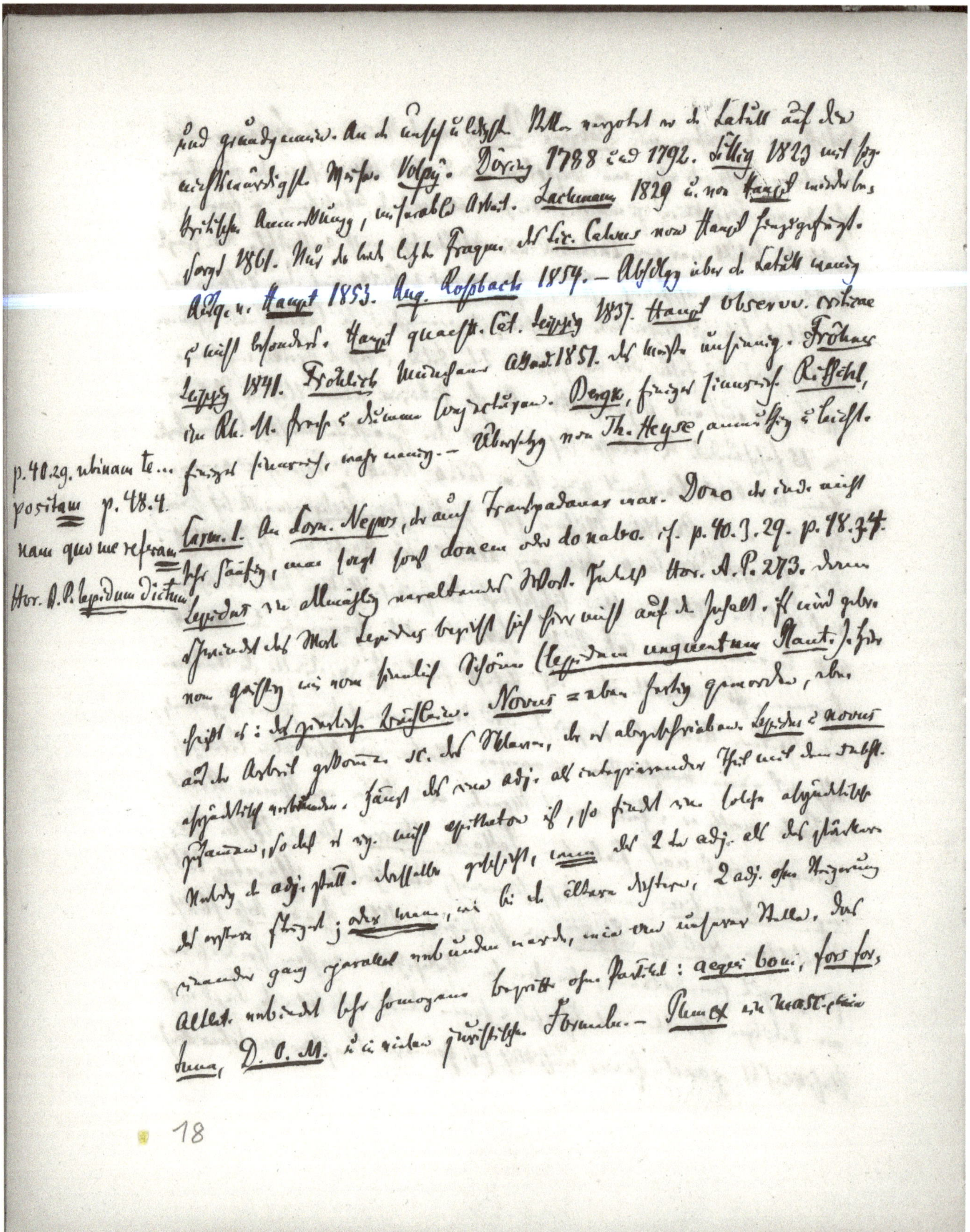

sind gründgemacht. An die ausführlichsten Stellen [illegible] wo der Catull auf der merkwürdigste Weise. Volpi. Döring 1788 und 1792. Sillig 1823 mit [illegible] kritischen Anmerkungen, miserable Arbeit. Lachmann 1829 u. von Haupt wiederholt [illegible] 1861. Nur [illegible] Fragen der lib. Catulli von Haupt herausgegeben. Ausg. v. Haupt 1853. Aug. Rossbach 1854. — Abschluss über den Catull [illegible] Haupt quaest. Cat. Leipzig 1837. Haupt observ. criticae [illegible] besonders. [illegible] Fröhner Leipzig 1841. Fröhlich Münchner Akad. 1851. [illegible] Bergk, [illegible] Ribbeck, [illegible] Übersetzung von Th. Heyse, [illegible]

p. 40.29. ubinam te … positam p. 48.4. nam quo me referam Hor. A. P. lepidum dictum

Carm. I. An Corn. Nepos, der auch Transpadanus war. Dono der [illegible] donem oder donabo. cf. p. 40. 3. 29. p. 48. 34. [illegible] Hor. A. P. 273. [illegible] lepidus [illegible] (lepidum unguentum Plaut.) [illegible] Novus [illegible] lepidus u. novus [illegible] adj. [illegible] epitheton [illegible] 2 te adj. [illegible] 2 adj. [illegible] aequi boni, fors fors, [illegible] Formeln. — [illegible] D. O. M. [illegible]

18

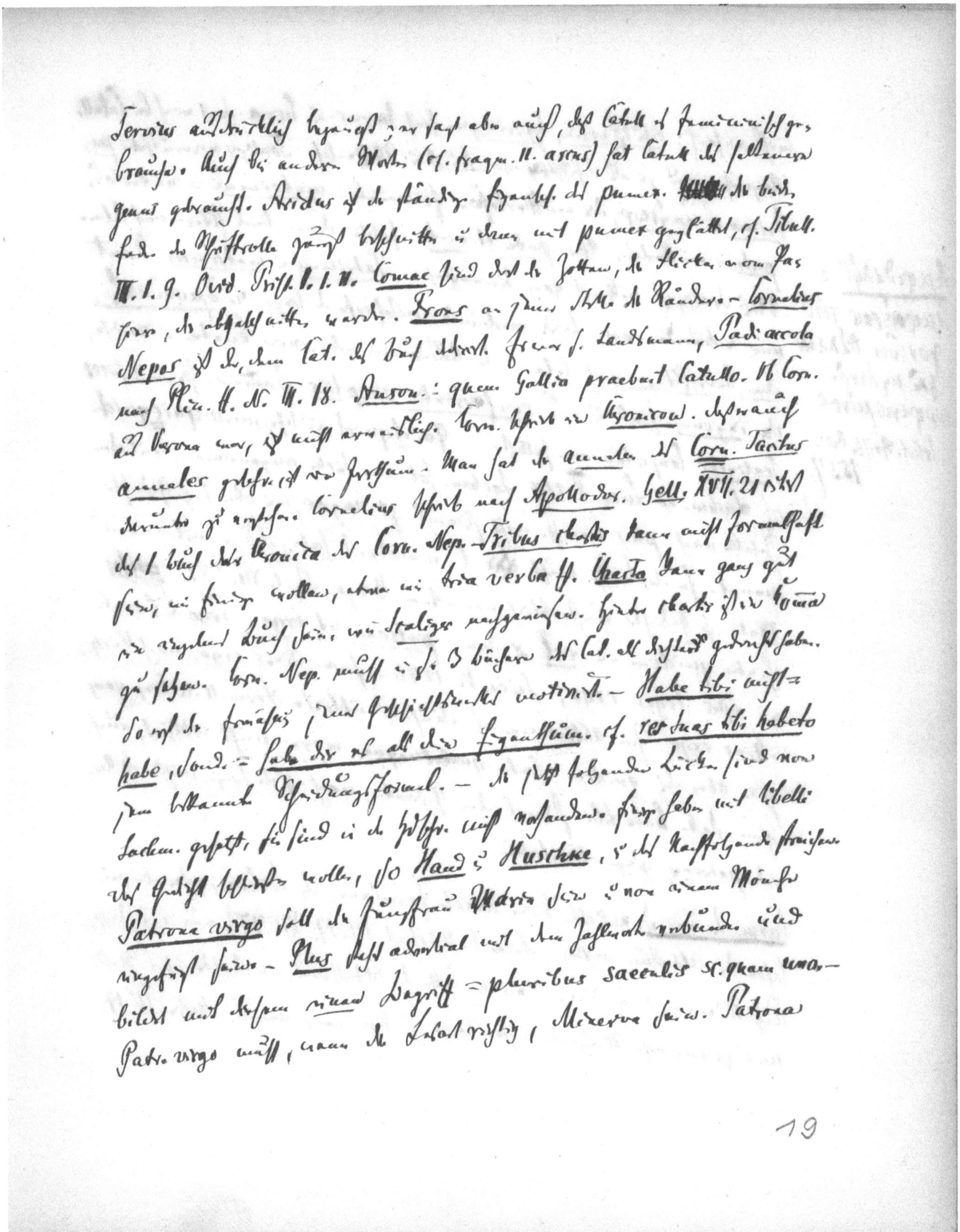

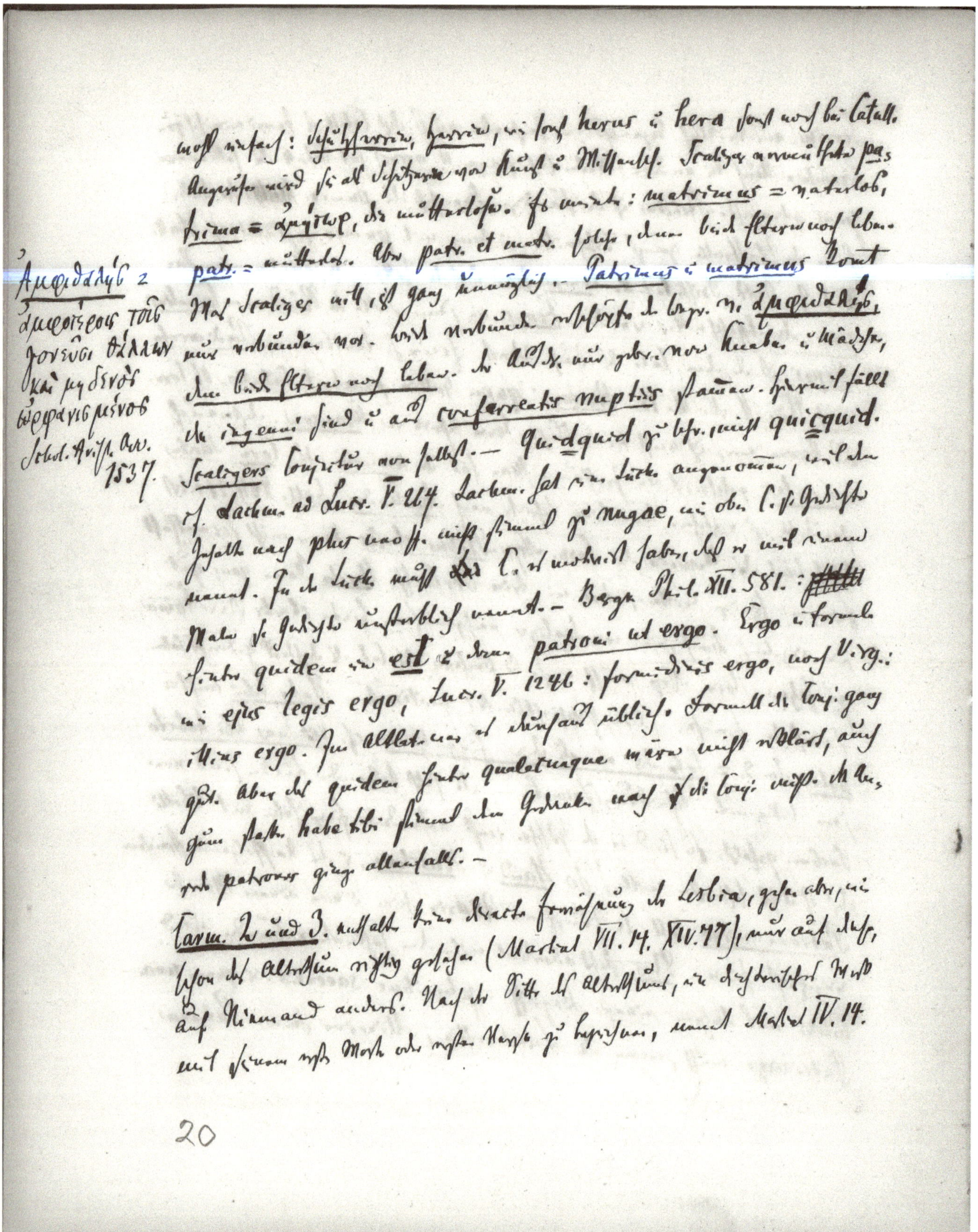

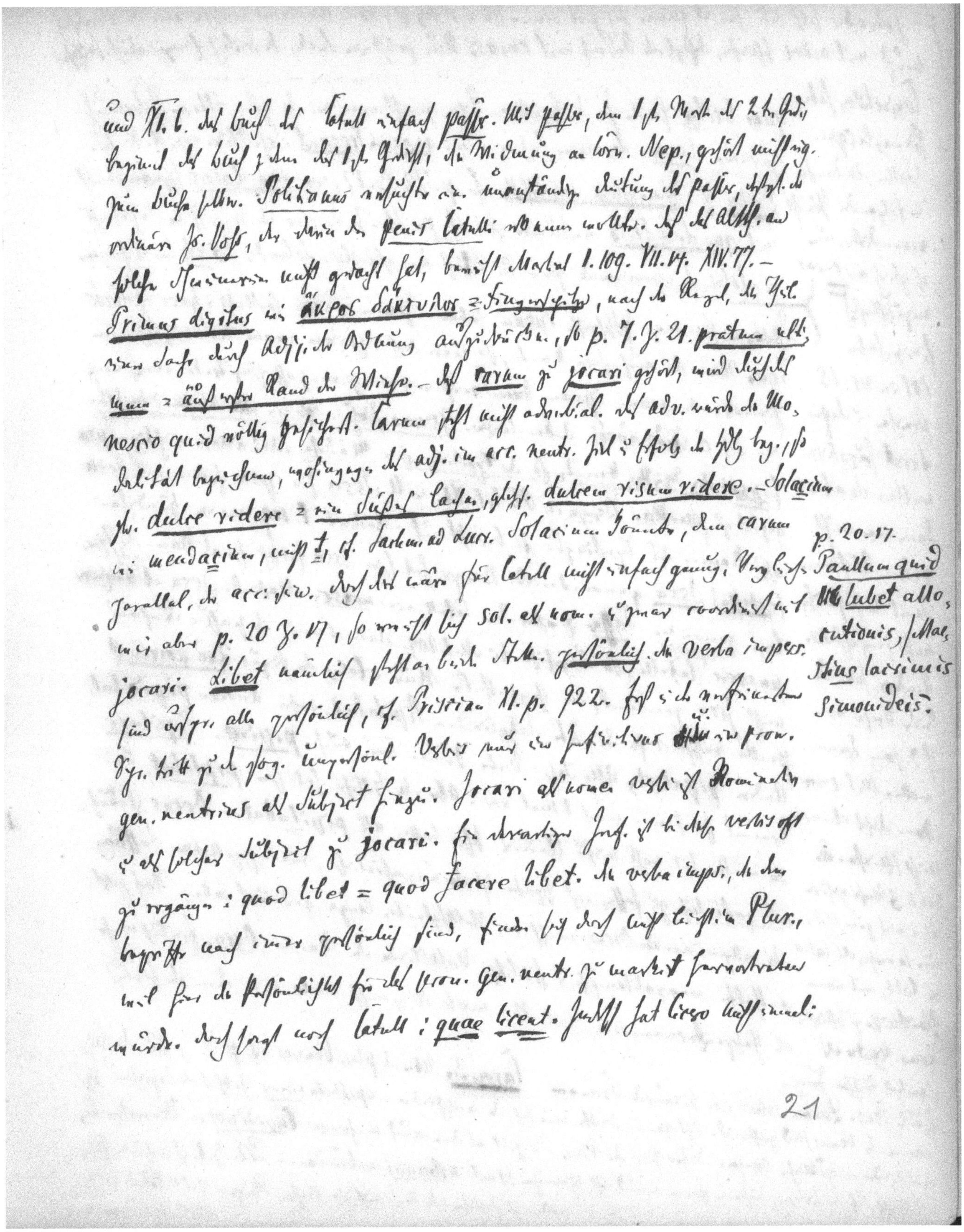

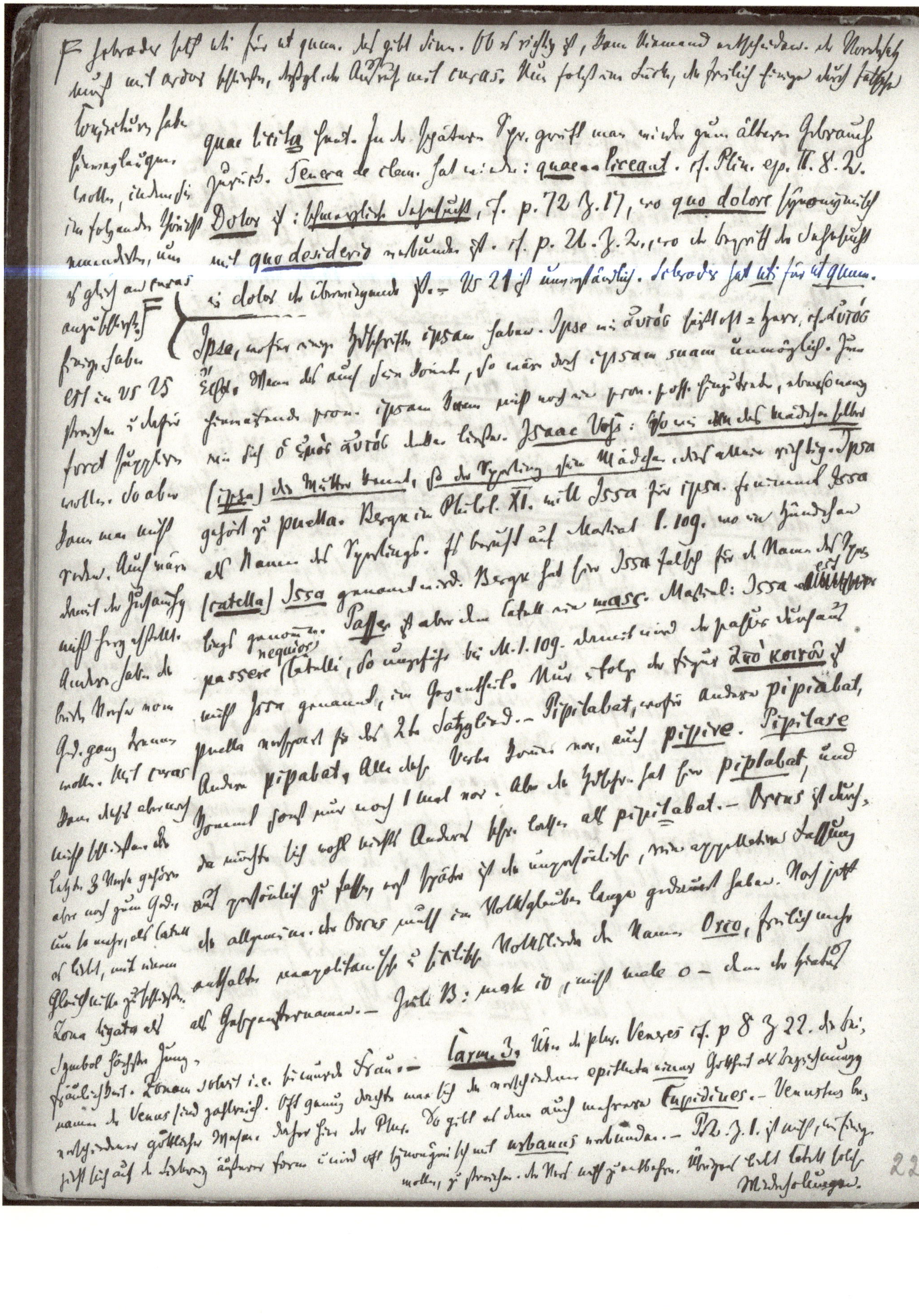

[illegible] carm. 5. [illegible] [illegible] Bentley ad Horat. odarum III. 14. 11. [illegible] Uop. 91. 508.

Carm. 5. [illegible] Amare [illegible] Mille [illegible] ad [illegible] I. 113. [illegible] [illegible] ollus, [illegible] illo. – Ferctimus [illegible] ōlus, [illegible] sis, sim [illegible] siem, sies [illegible] siam, sias [illegible] – Milia [illegible] ferctimus, [illegible] fuere [illegible] und fieri [illegible] viginti et viginti [illegible] quadraginta [illegible] [illegible]

Carm. 7. Libyssa fem. zu Libys, Cressa zu Cres, Phoenissa zu Phönix, Thressa zu Thrax. [illegible] feminina [illegible] – Laserpicium [illegible] adjektivisch [illegible]

Carm. 8. [illegible] [illegible] noctem [illegible] rogabant nullam [illegible] noctem [illegible] nulla [illegible] noctem [illegible] cf. Cic. ad Att. VI. 11. XV. 22. u. 29. [illegible] non. cf. [illegible] adv. [illegible]

[illegible] Esquilinae alites [illegible] Insulae Ionio [illegible] (Virg. Aen. I. 405) [illegible] Et vera incessu patuit Dea [illegible] ubi matrem [illegible]

23

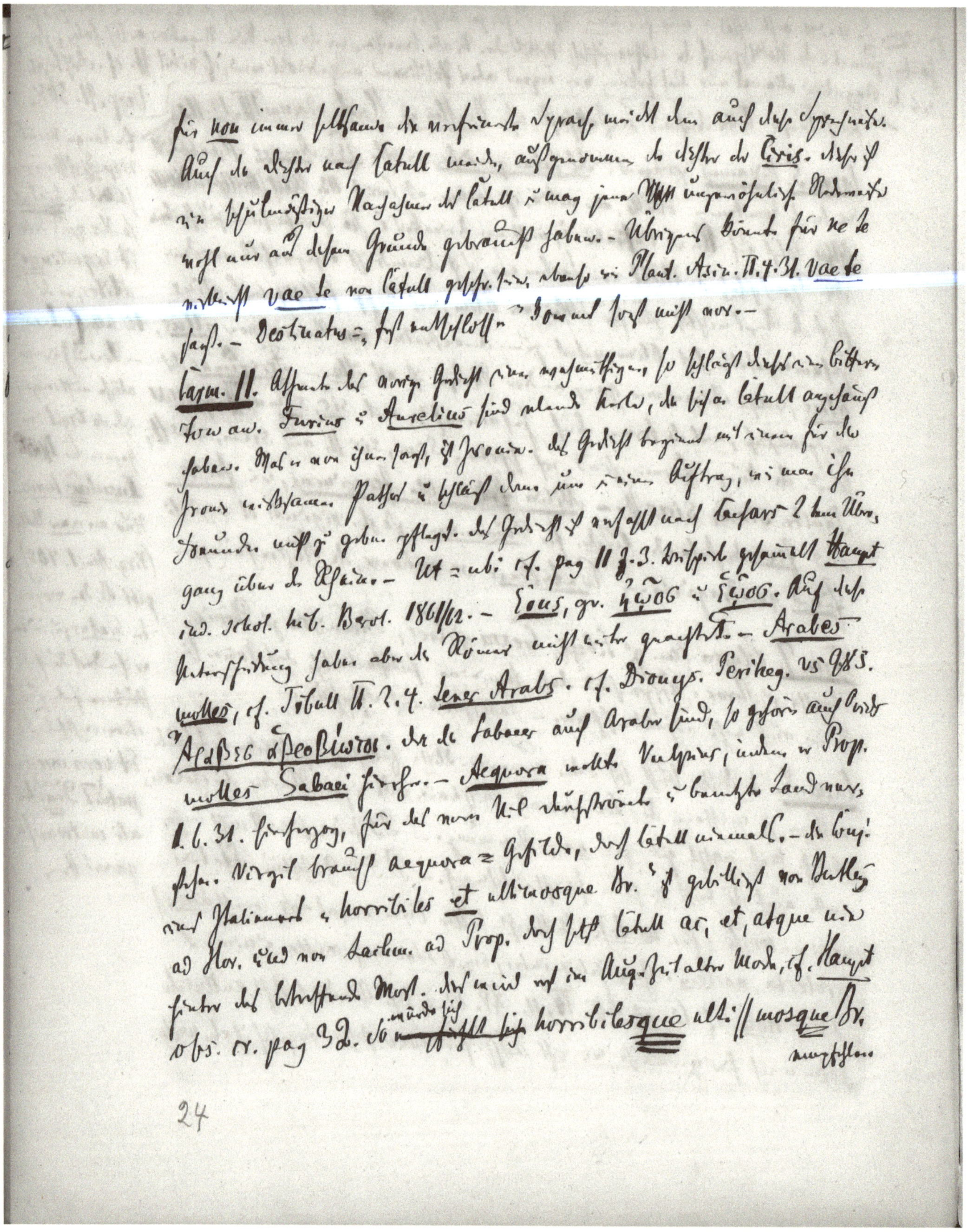
[illegible] non [illegible]
[illegible] Catull [illegible] Cris. [illegible]
[illegible] Catull [illegible]
[illegible] ne te
[illegible] vae te [illegible] Catull [illegible] Plaut. Asin. II.4.31. vae te
[illegible]
Carm. 11. [illegible]
[illegible] Furius u. Aurelius [illegible] Catull [illegible]
[illegible]
[illegible]
[illegible] Caesars 2 [illegible]
[illegible] Ut = ubi cf. pag 11 [illegible] Haupt
ind. schol. lib. Berol. 1861/62. – Eous, gr. ἠῷος u. ἑῷος. [illegible]
[illegible] Arabes
molles, cf. Tibull II.2.4. lenes Arabs. cf. Dionys. Perieg. vs 985.
Ἄραβες ἁβροβίωτοι. [illegible]
molles Sabaei [illegible] Aequora [illegible] Vulpius [illegible] Prop.
I.6.31. [illegible]
[illegible] Virgil [illegible] aequora = [illegible] Catull [illegible]
[illegible] horribiles et ultimosque Br. [illegible]
ad Hor. [illegible] Prop. [illegible] Catull ac, et, atque [illegible]
[illegible] Haupt
obs. cr. pag 32. [illegible] horribilesque ultimosque Br.
[illegible]
24

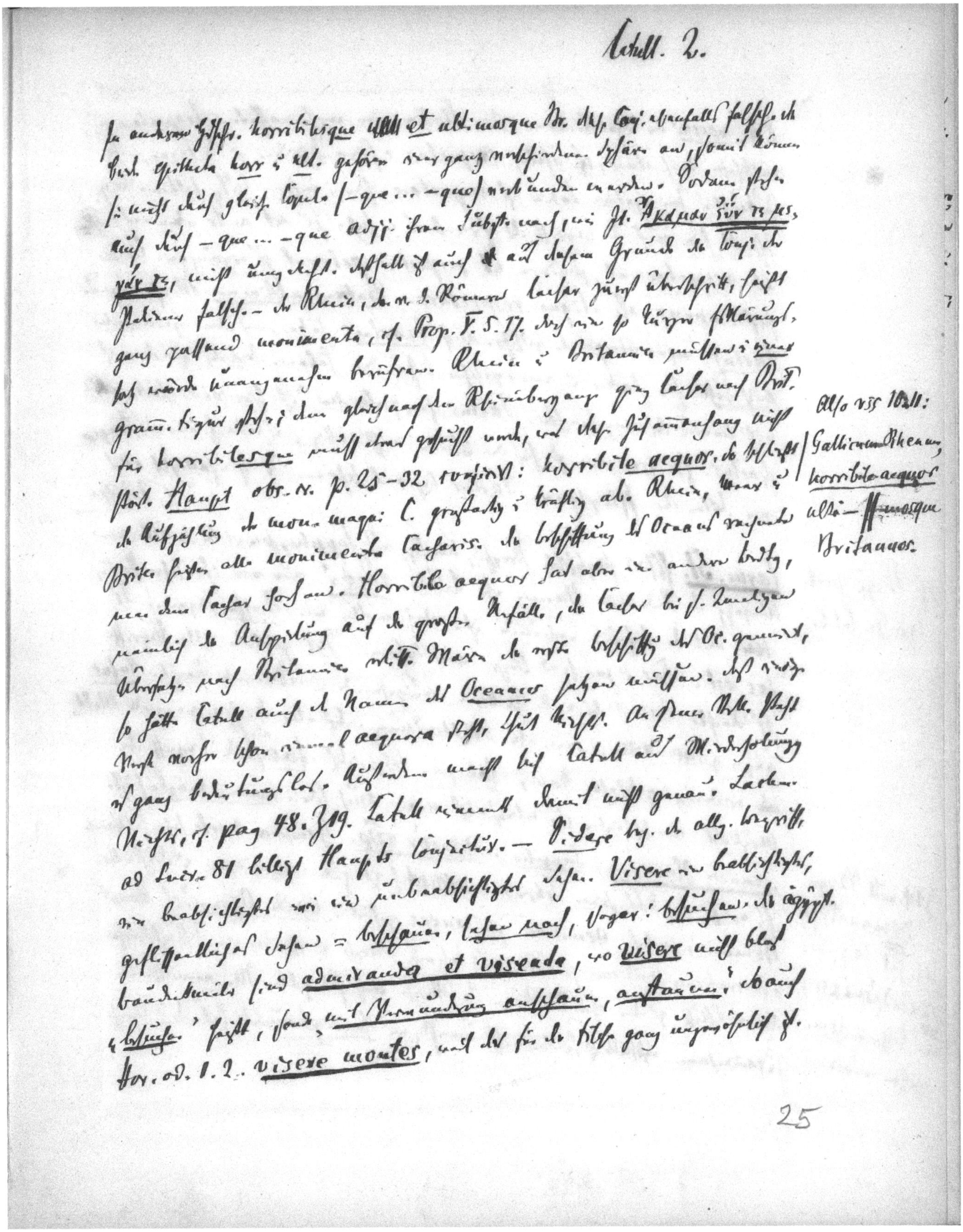

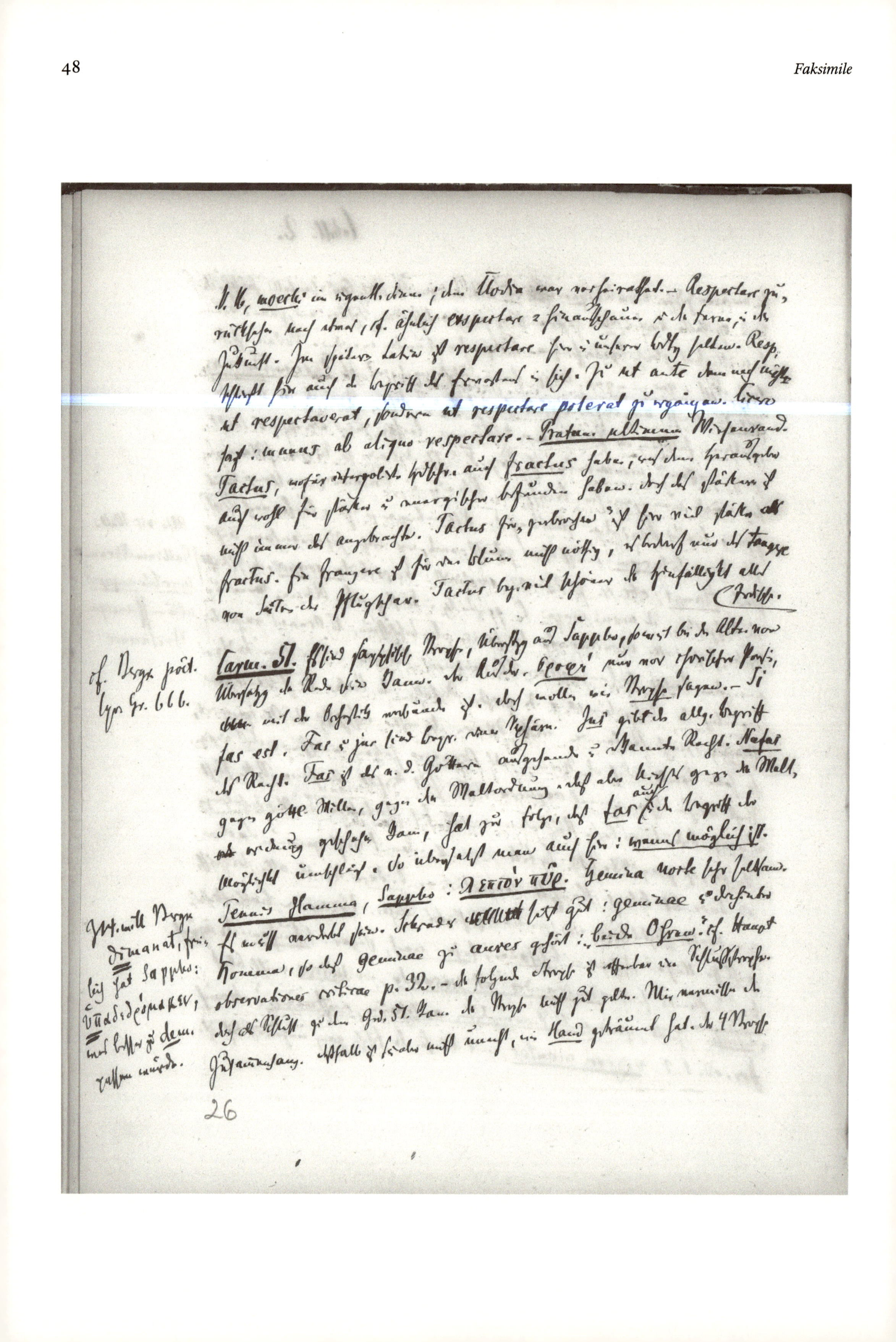

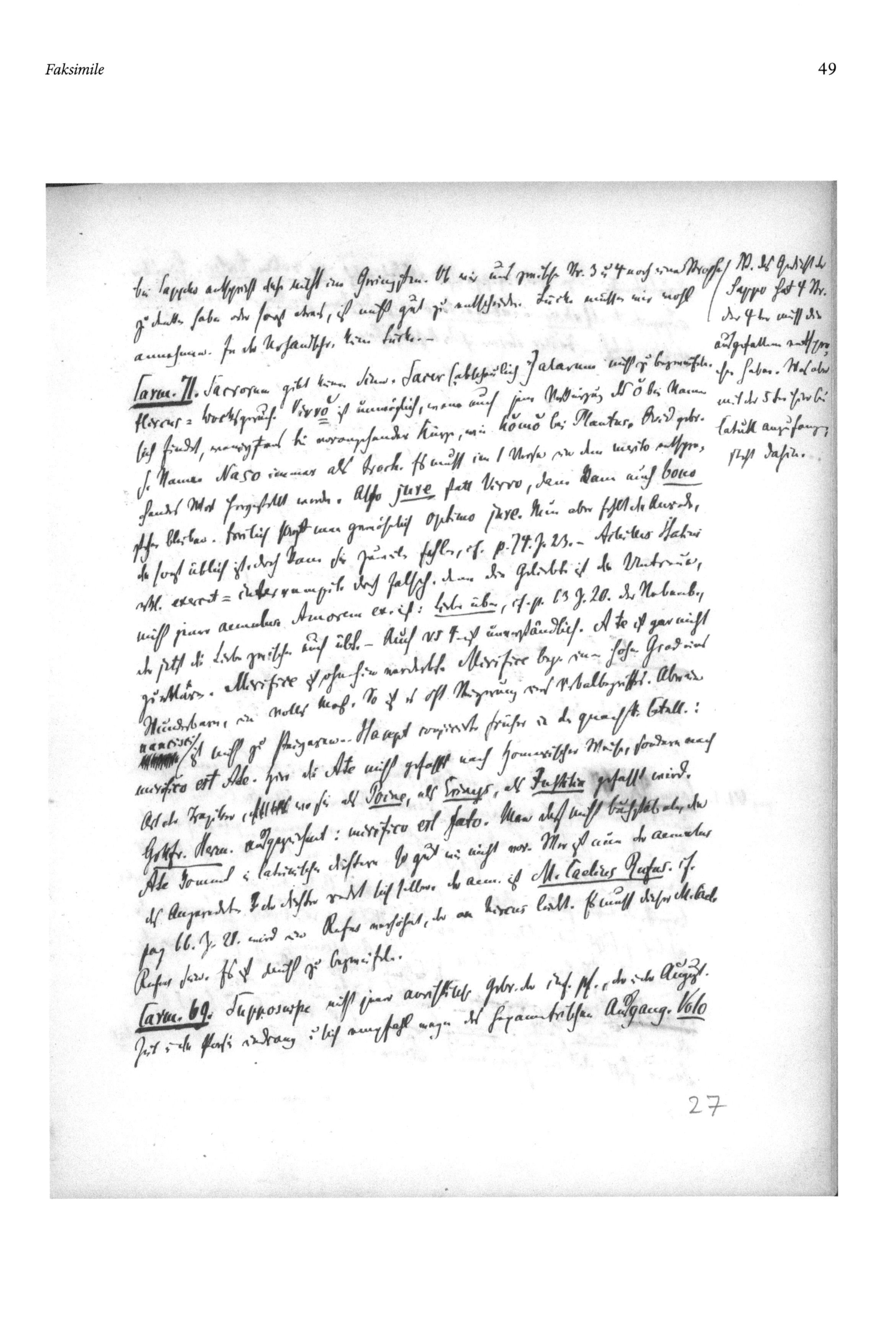

[illegible]

27

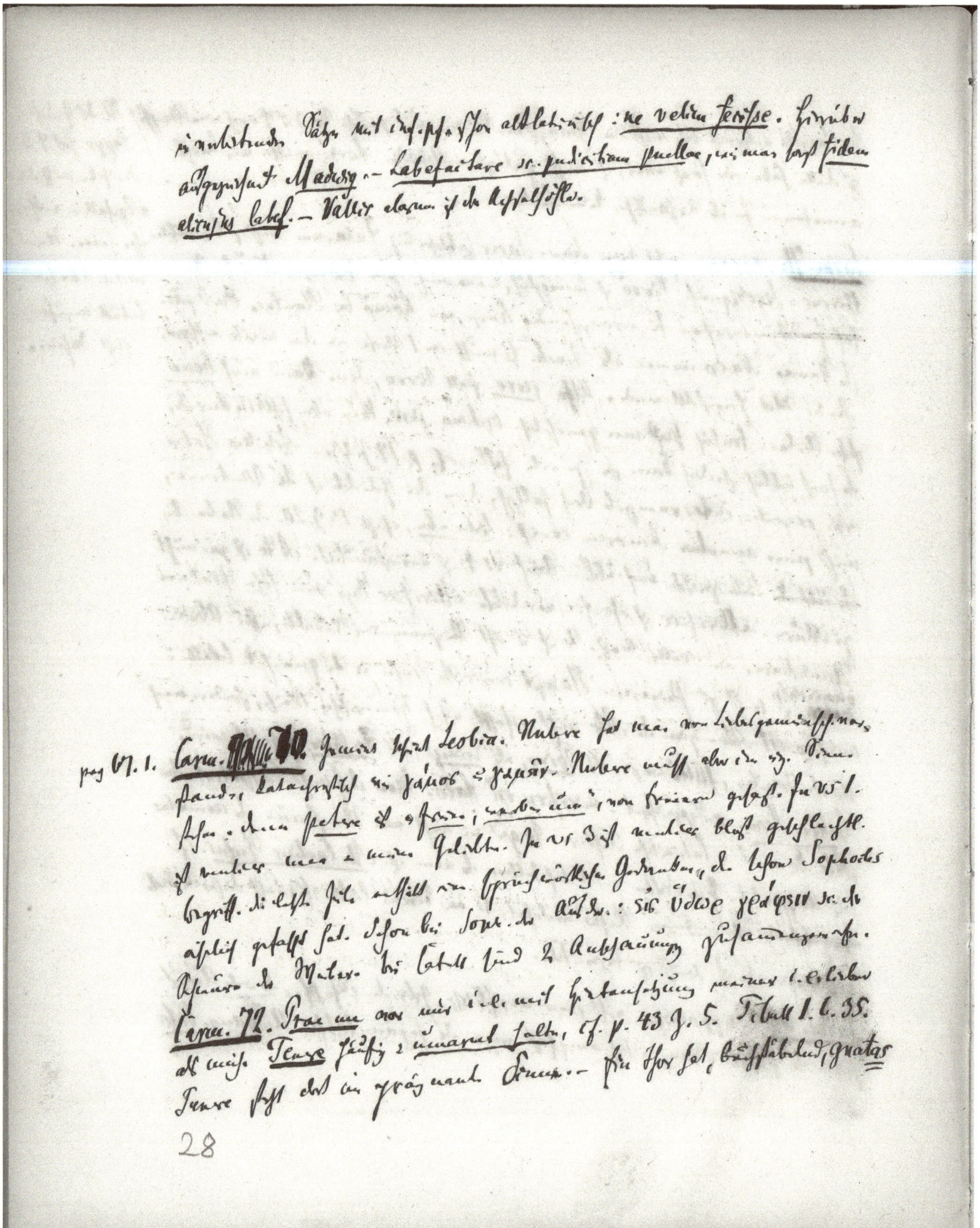

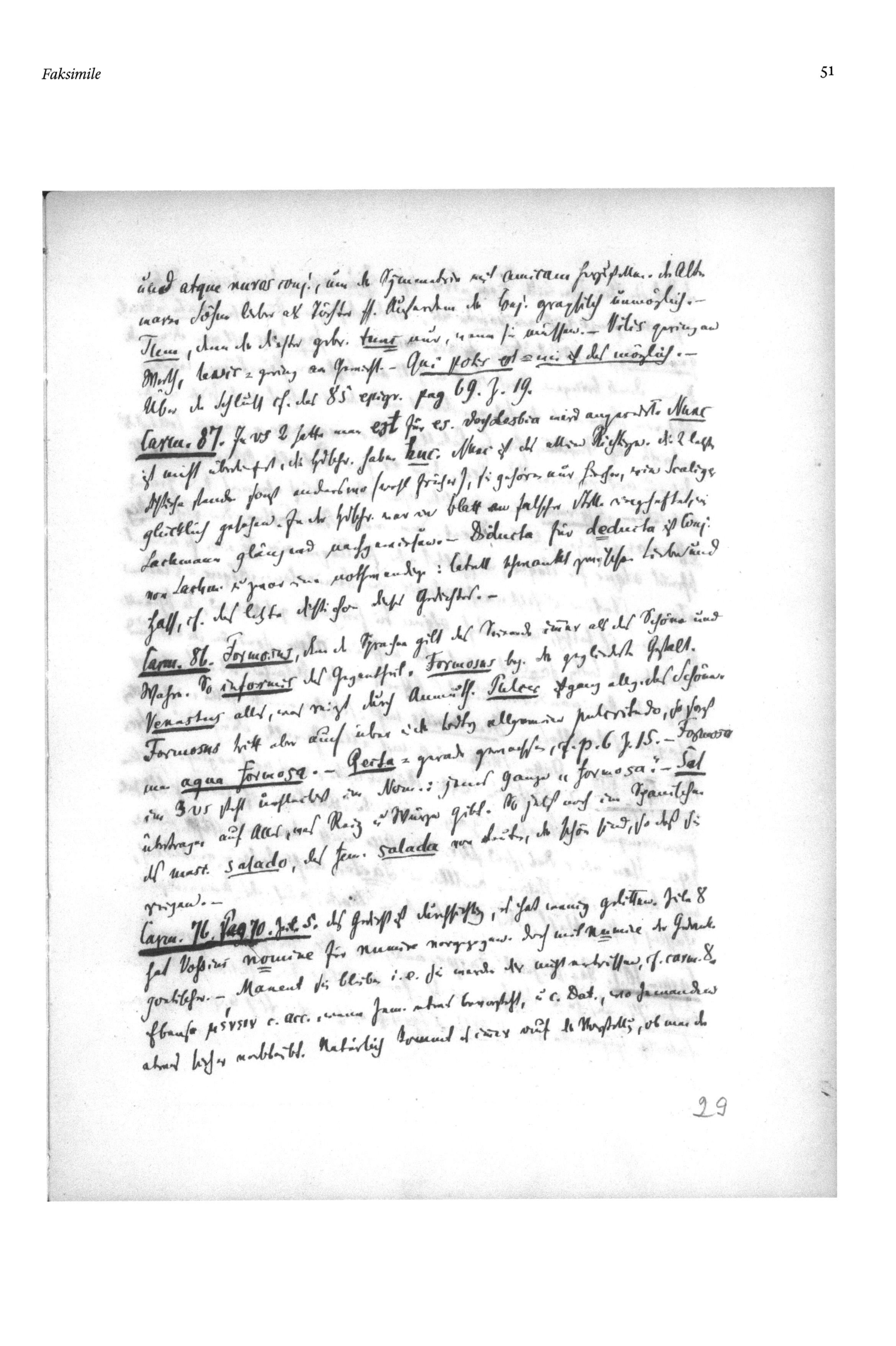

29

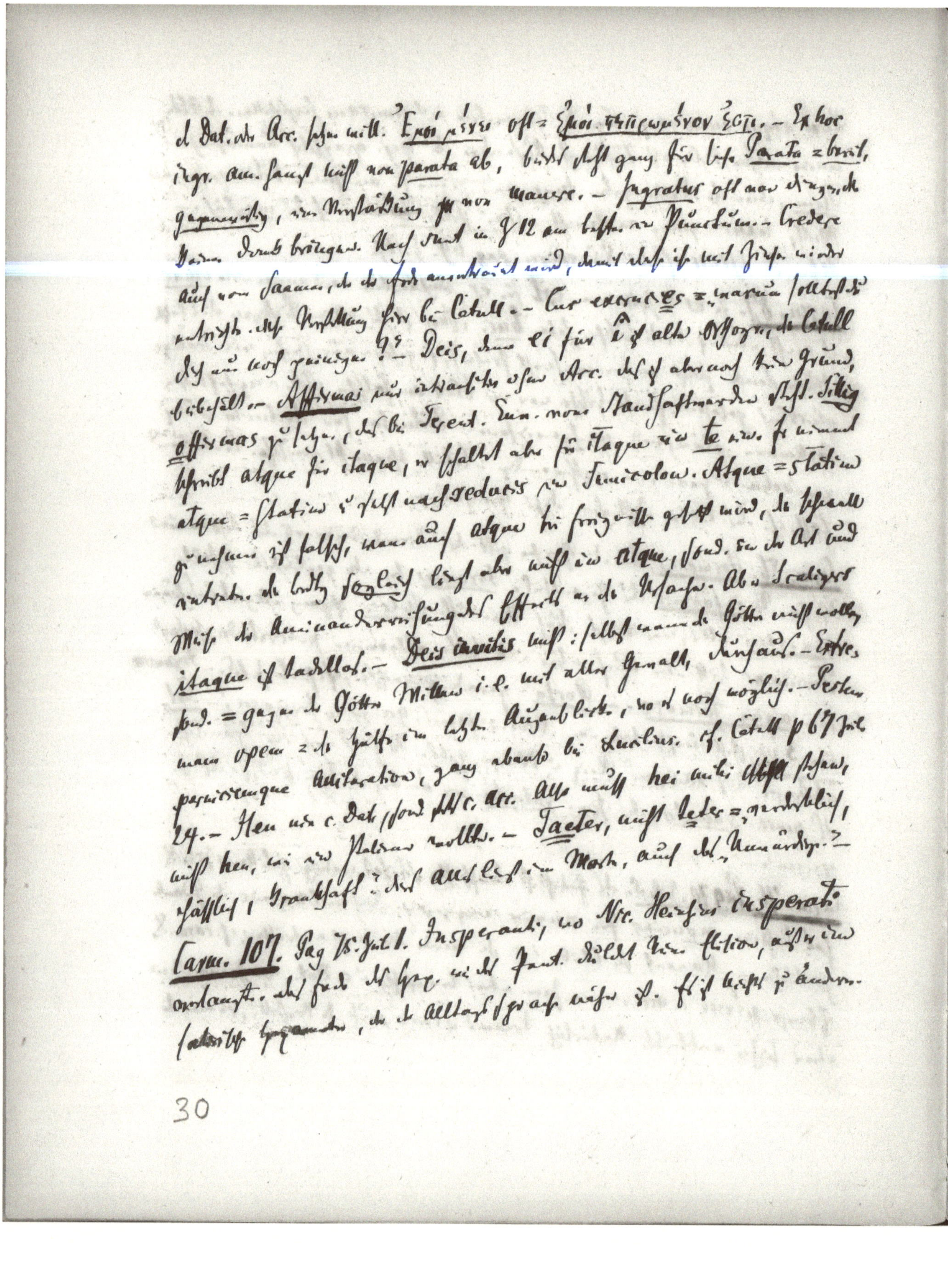

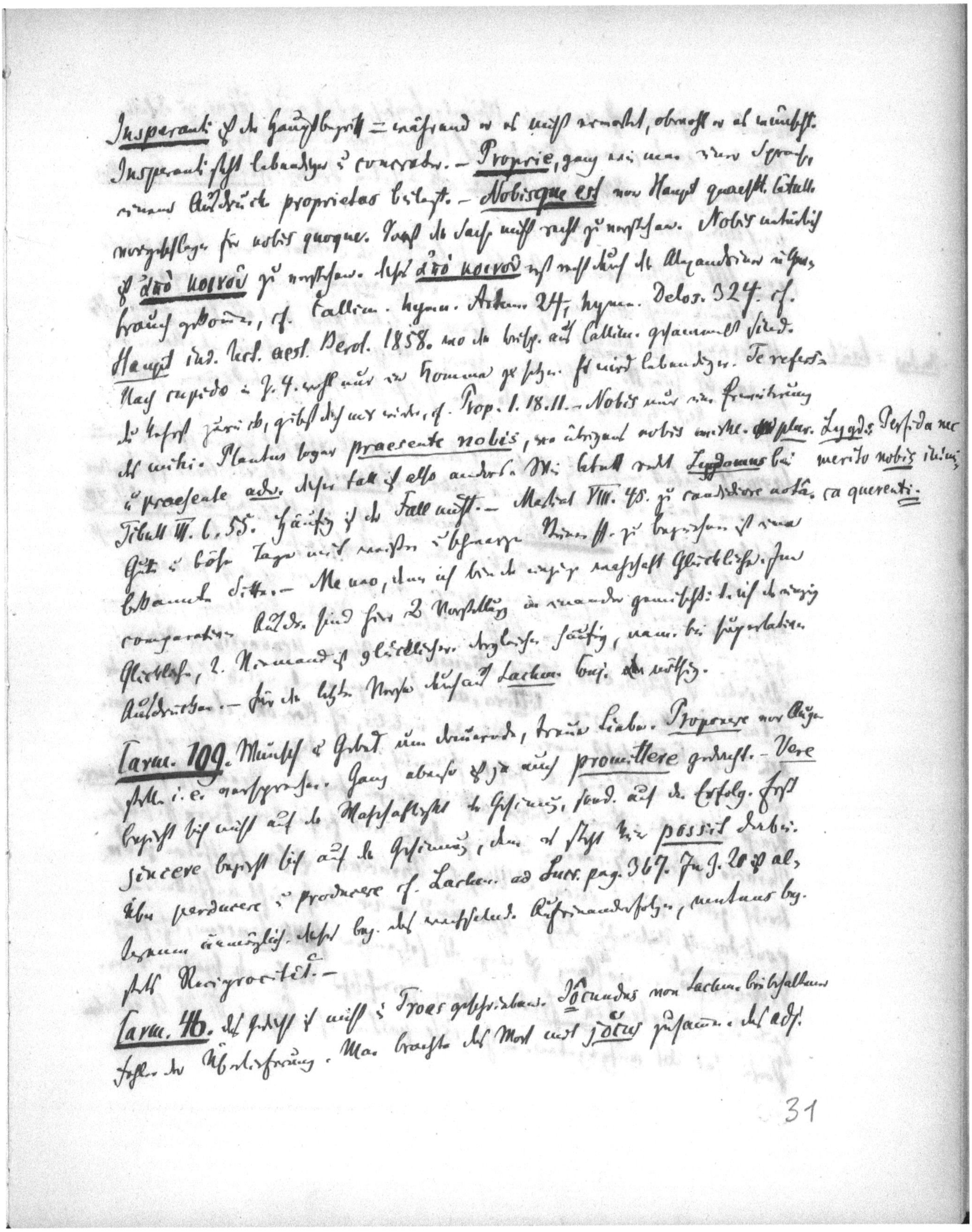

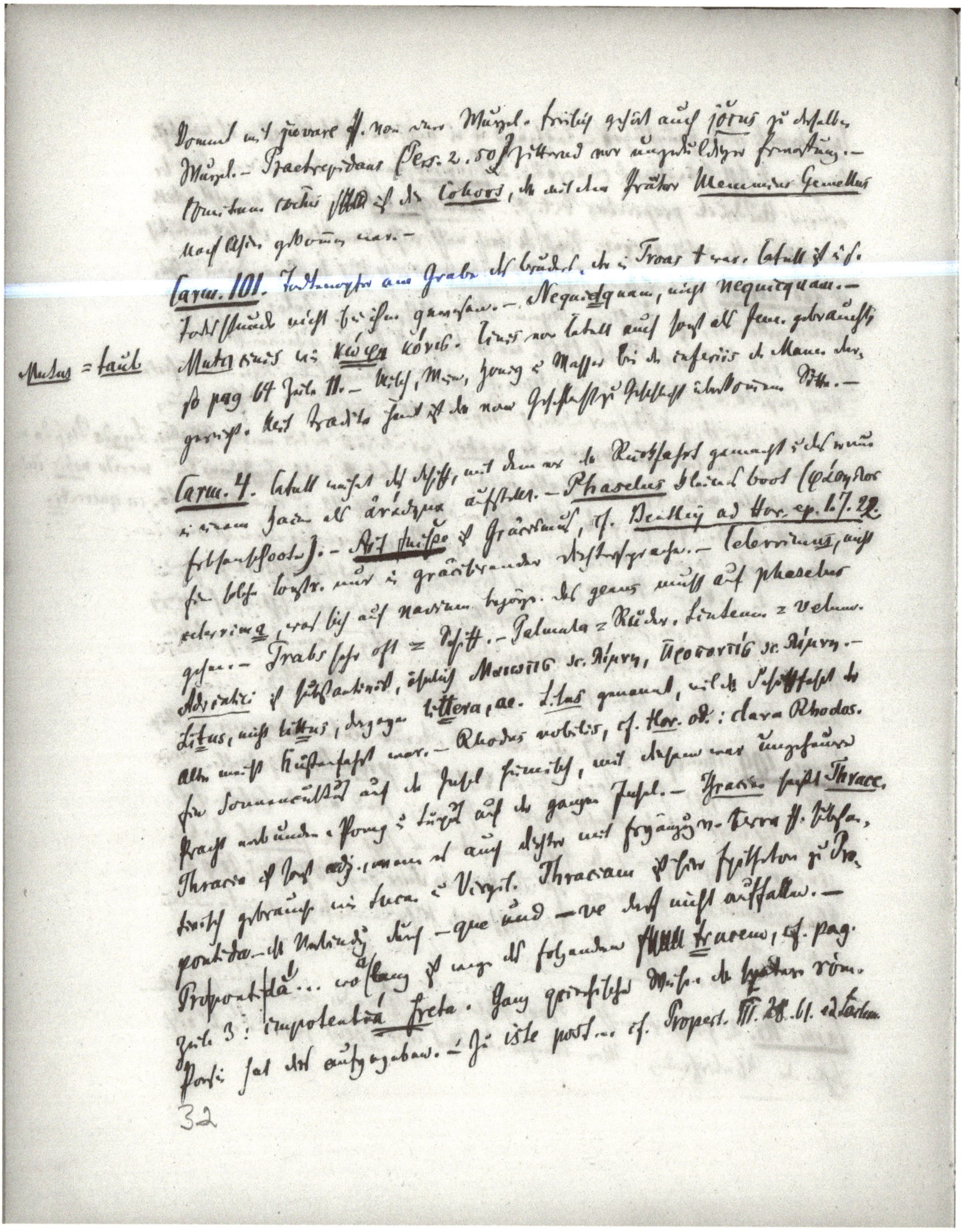

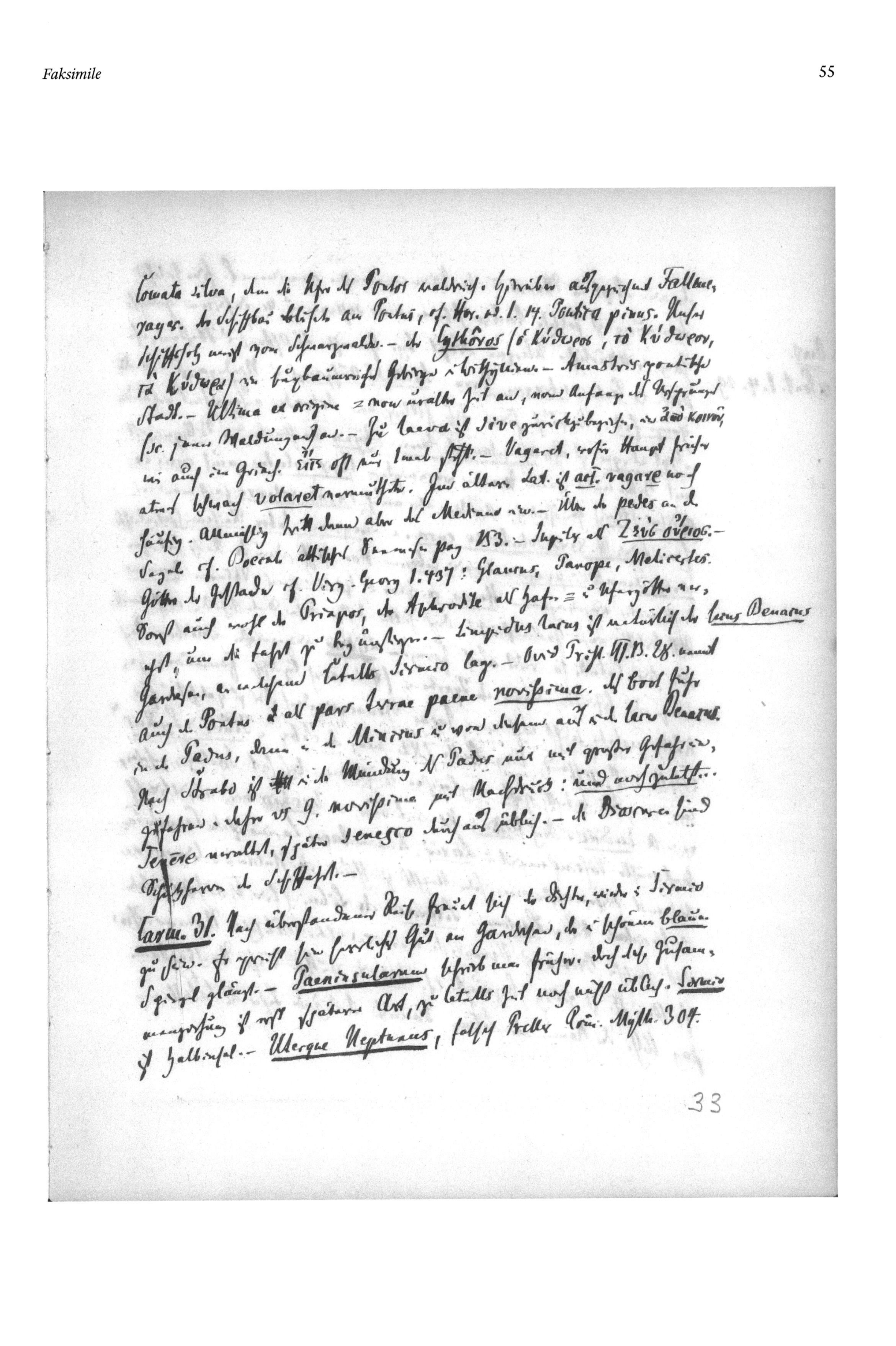

33

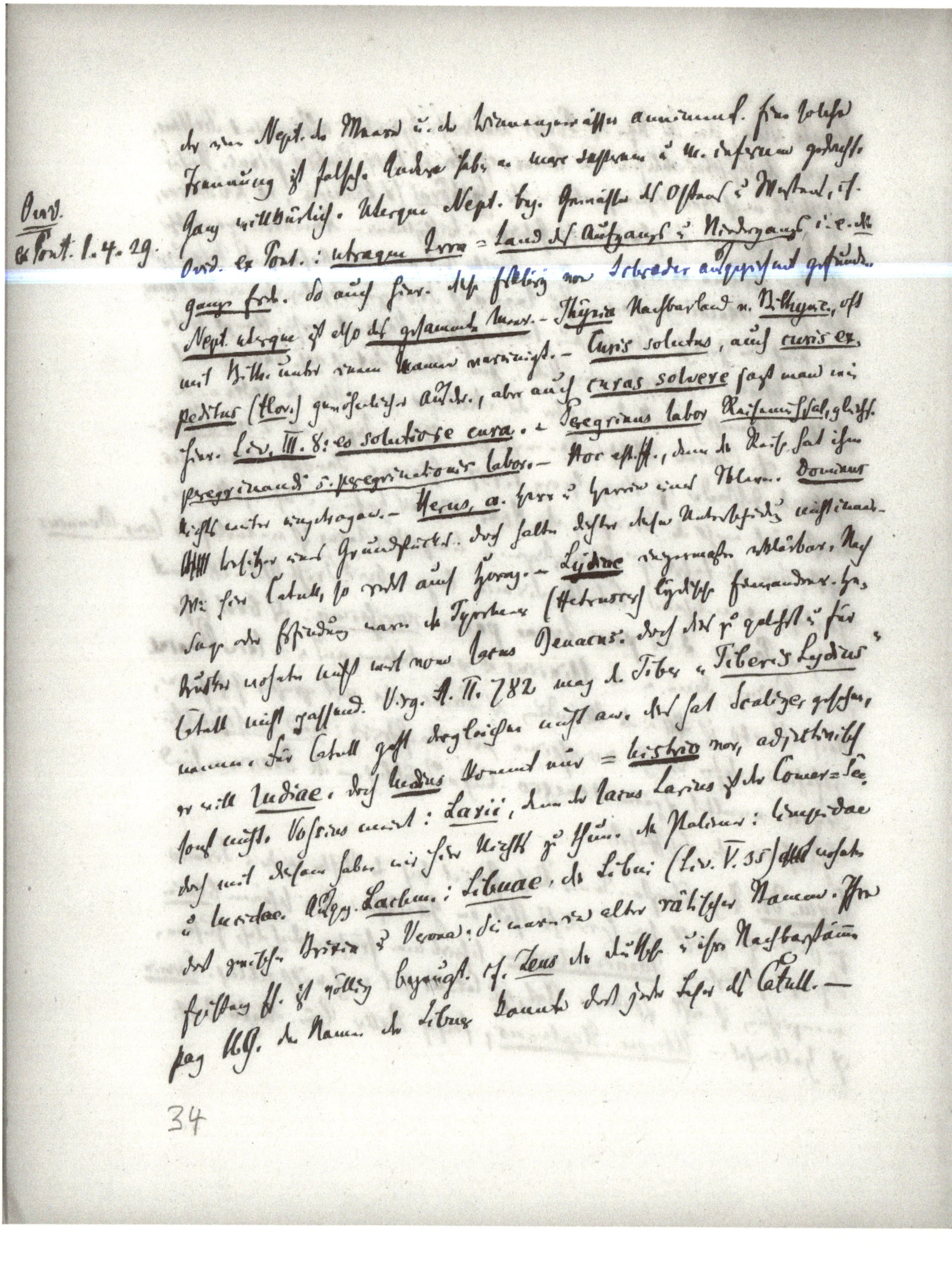
Ovid. ex Pont. I. 4. 29.

34

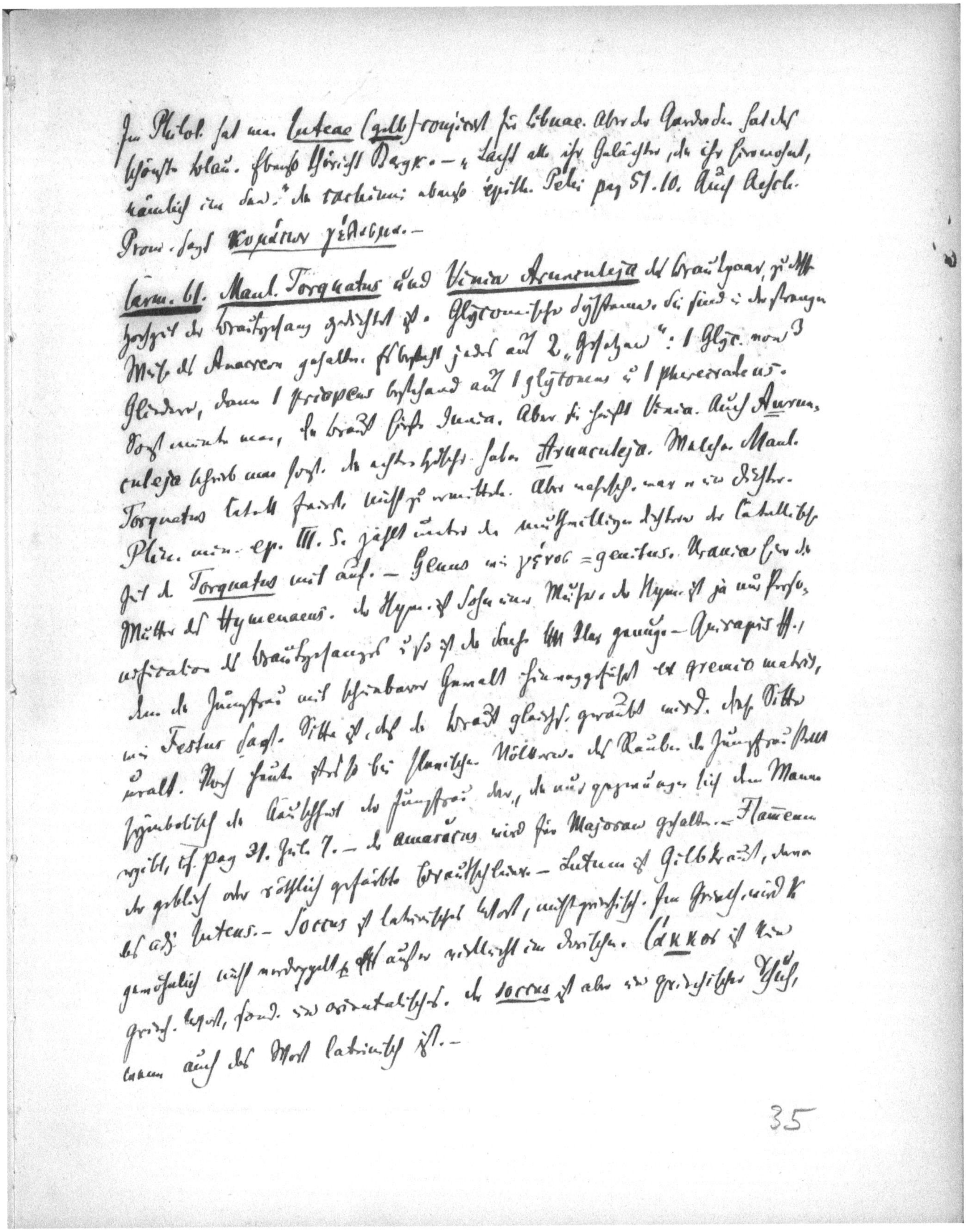

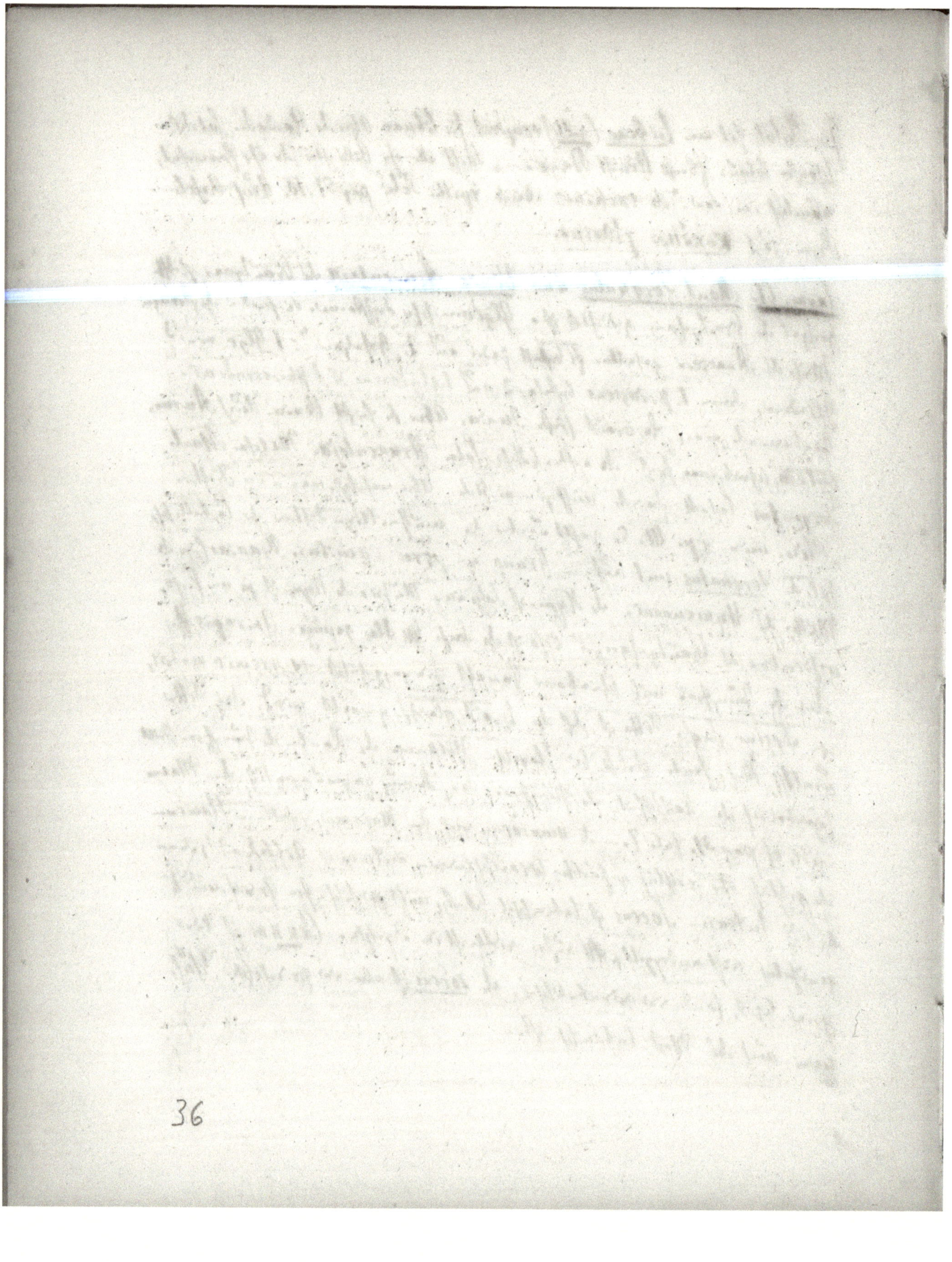

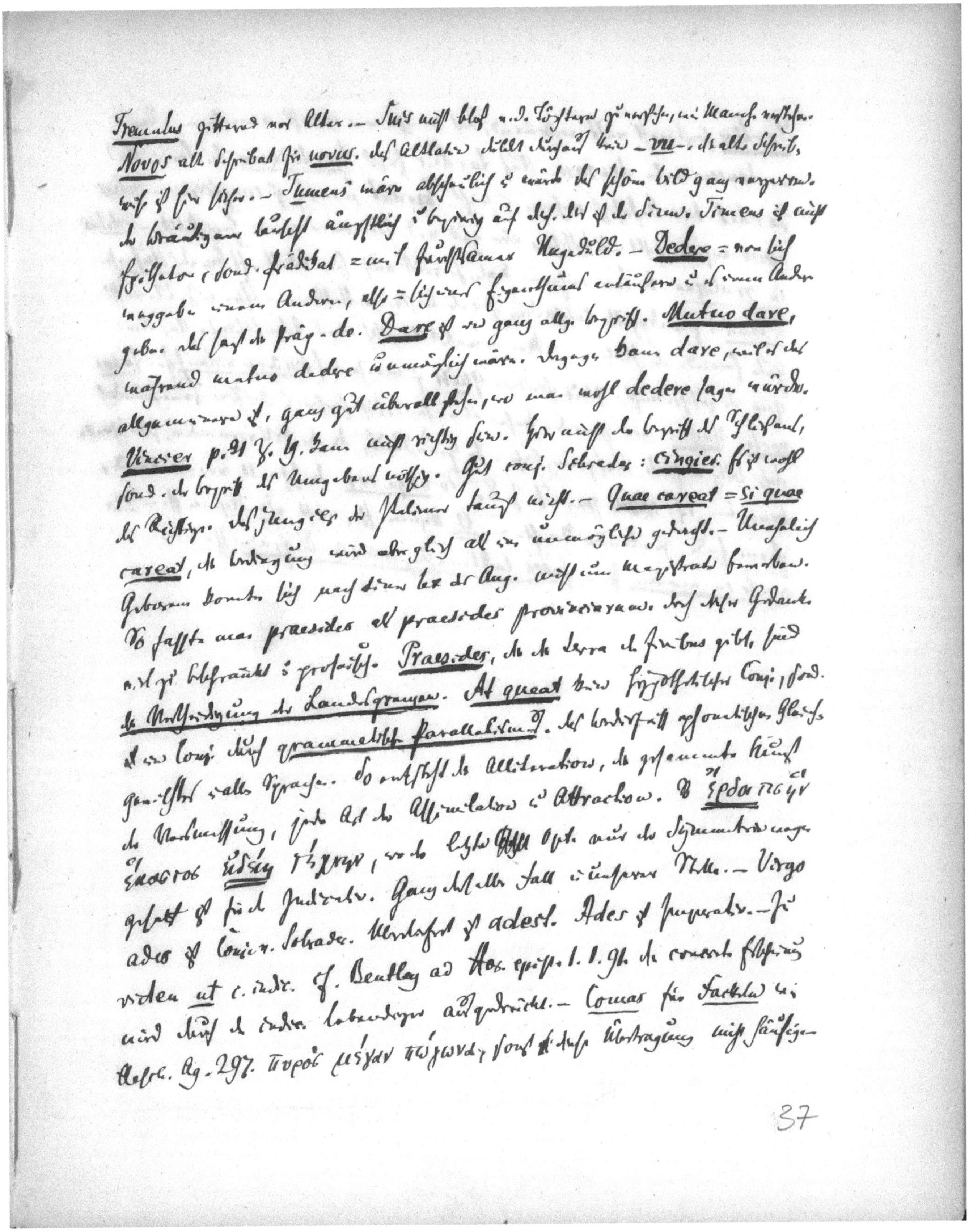

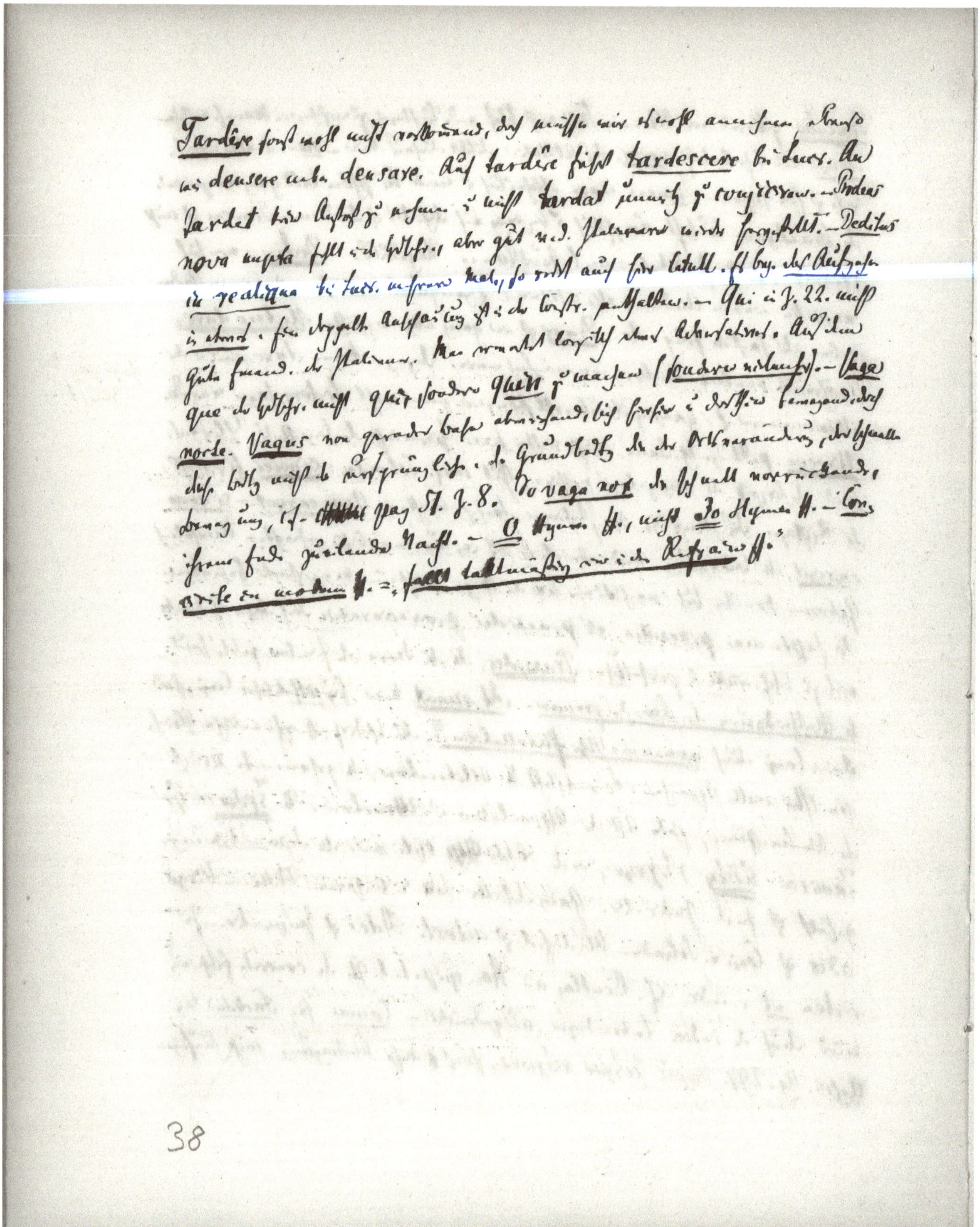

Plaut. Cas. IV. 4. 1. bezieht sich auf die [illegible] vom Brautgeleit, u. da wird auch die Braut er- | gehört zu pag 34. Zeile 19.–
mahnt, langsam über die Schwelle zu gehen. Man hob sie auch hinüber, um ein
böses Omen zu vermeiden. Denn als ein solches galt das Anstoßen. Varro erkl. das
höchst gesucht u. gelehrt. Er denkt an die Vesta, der die Schwelle heilig war. Aureolus
ist mehr = golden. Es drückt nicht die Goldfarbe aus, sond. vergleicht nur mit dem
Golde. – Fores die 2 Thürflügel. – Foris der sing. auch bei Plaut. u. Ter., dann
aber außer Gebrauch. – Die Thür ist aufgethan, man erblickt auf dem torus den
harrenden Bräutigam, der von Kränzen umgeben ist. – Unus falsch, schon Ach.
Stat. richtig [illegible]. – der torus ist nicht das Brautbett, sond. der lectus tricli-
niaris, wo der Bräutigam mit s. Freunden wartet. [illegible] = [illegible]
[illegible], während die Braut [illegible]. – Penite (nicht) häufig, gew. ist penitus.
für superl. penitior kommt einmal vor (bei Apulejus), aber nie penitius,
wie (häufig) man [illegible] schreibt. Penitissime kommt vor. – Festus: die praetextatae
ist der Knabe freier Geburt, der ist patrimus et matrimus. – Cubile ist das
Brautbett. – Es folgen arg zerrüttete Zeilen. Die [illegible], die pronubae, die
die Braut zu Bette bringen sollen, wurden ausgewählt. Man wählte dazu Frauen,
die nur einmal verheirathet waren. Es geschah zur guten Vorbedeutung für die
Braut, die auch nur einmal verheirathet sein sollte. Breve ist ursprüngl.,
wenn [illegible] [illegible] dürften nur 1mal verheirathet sein. Breve [illegible]
man es auch billig [illegible]. Mittere [illegible] [illegible] zu [illegible] [illegible]

39

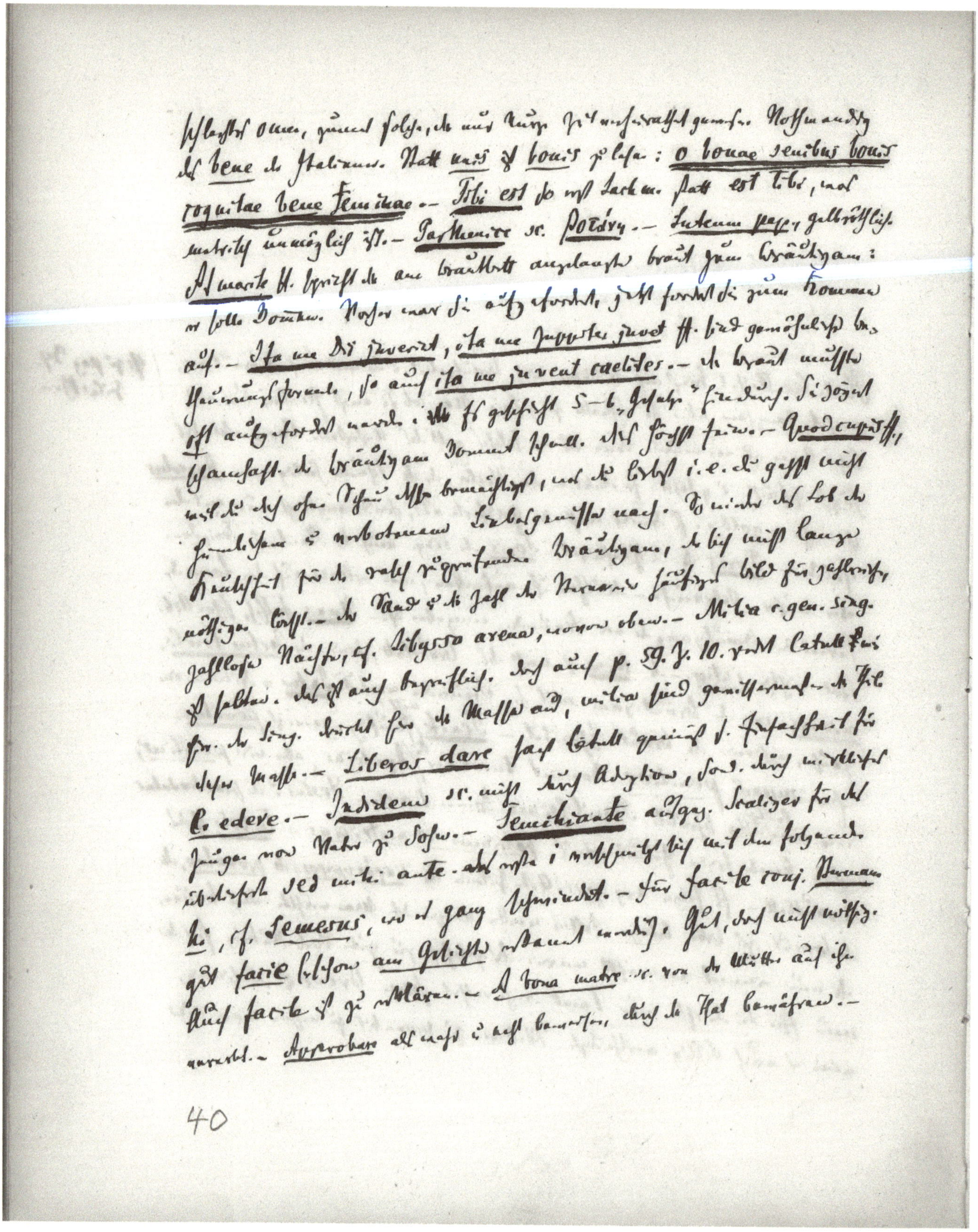

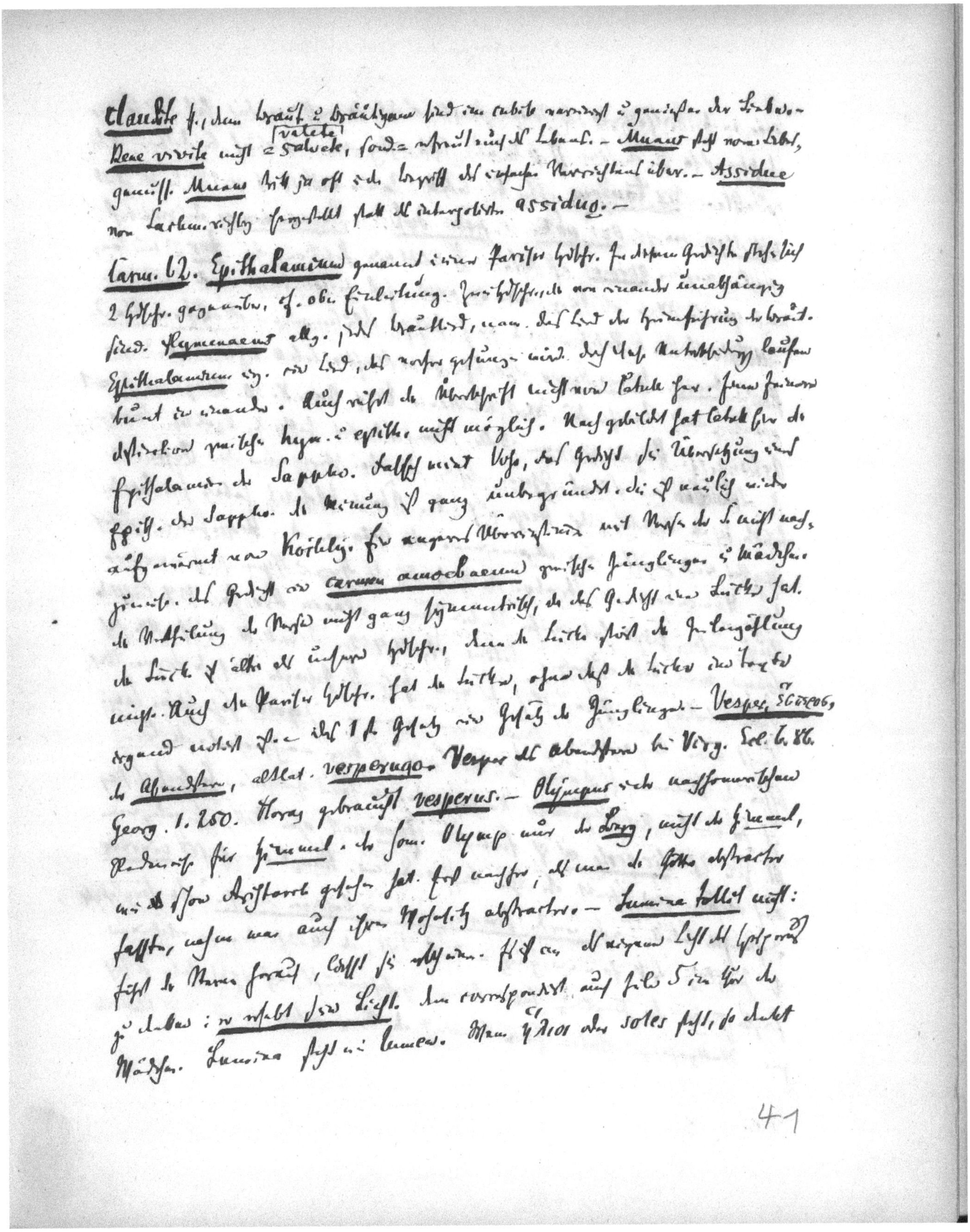

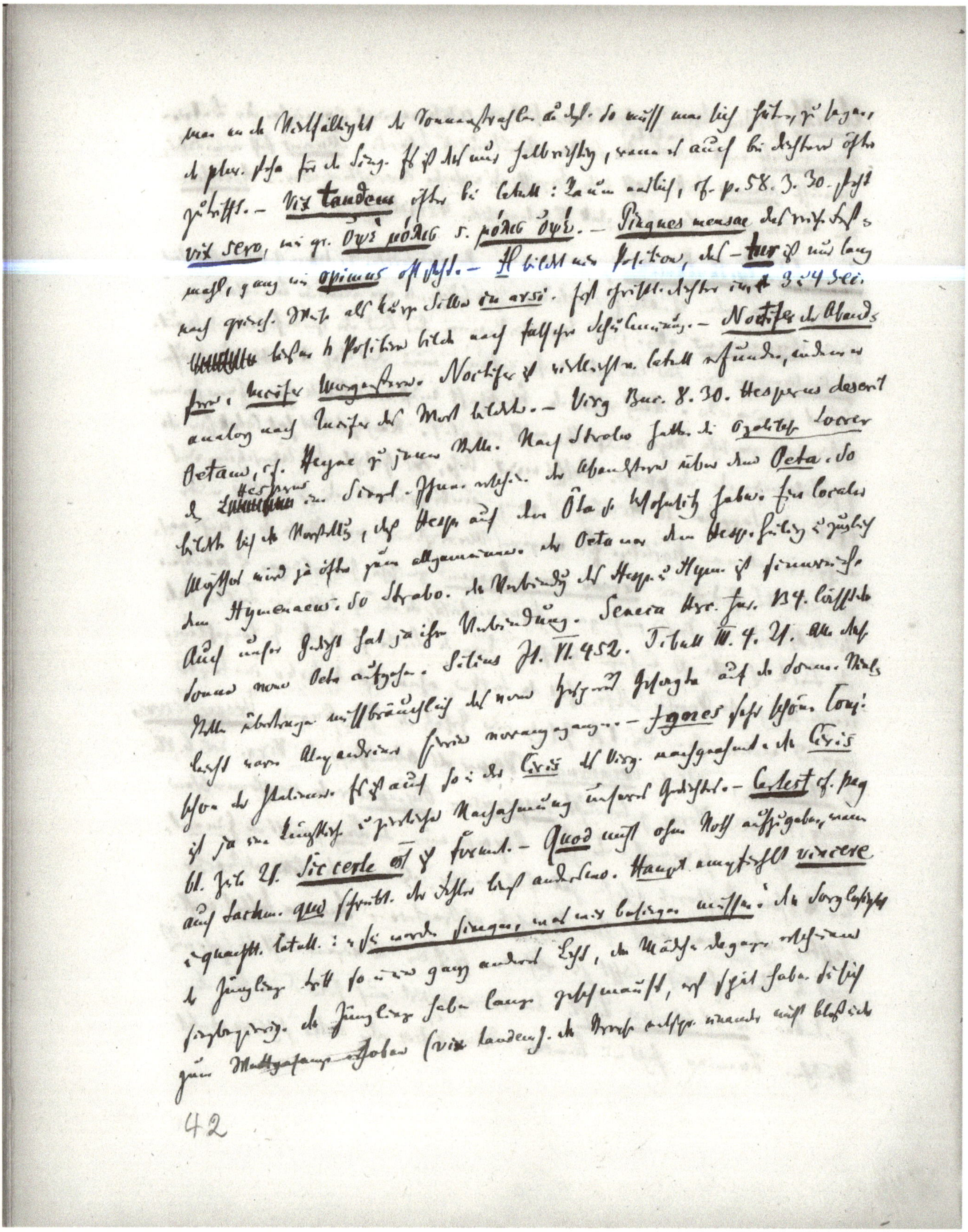

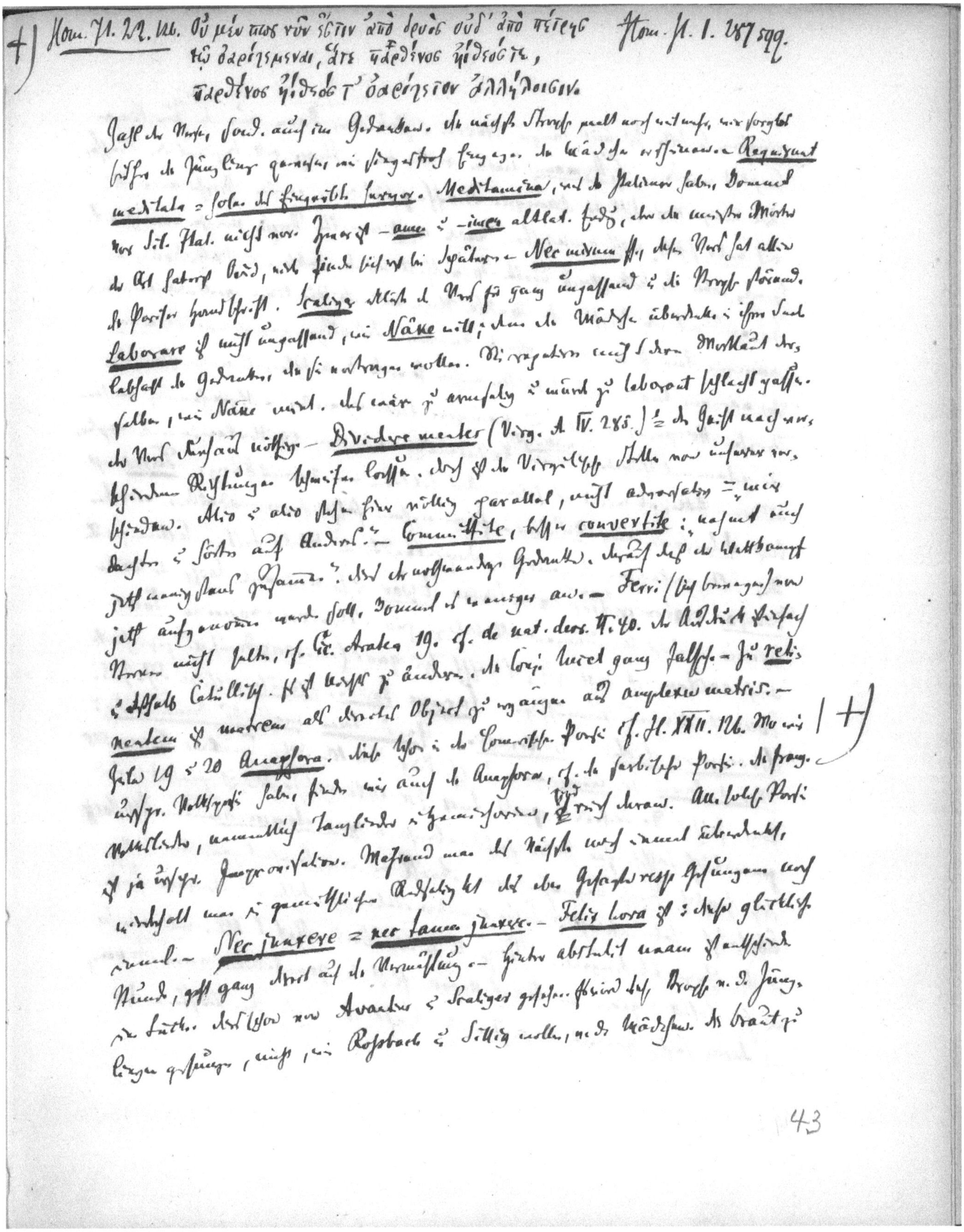

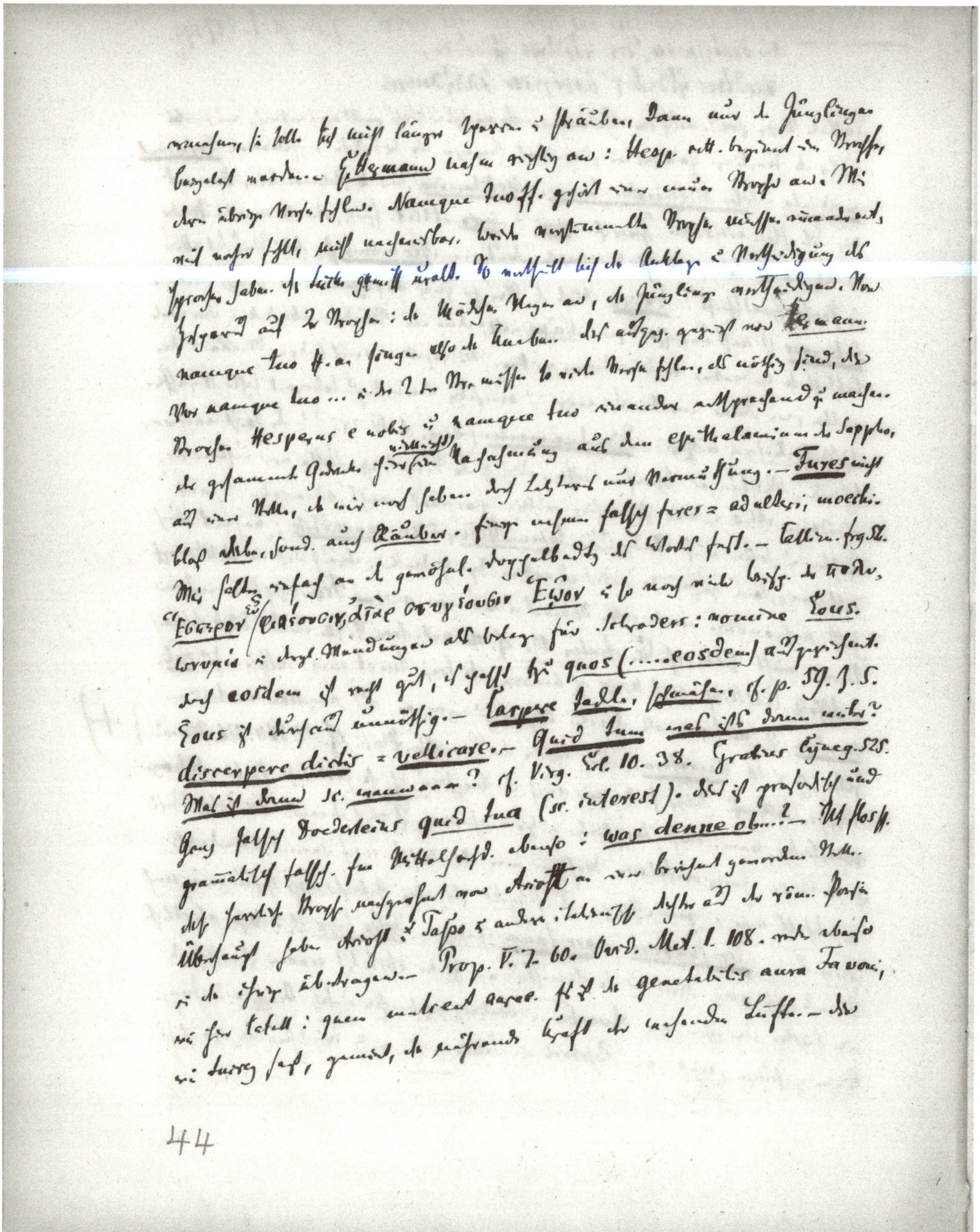

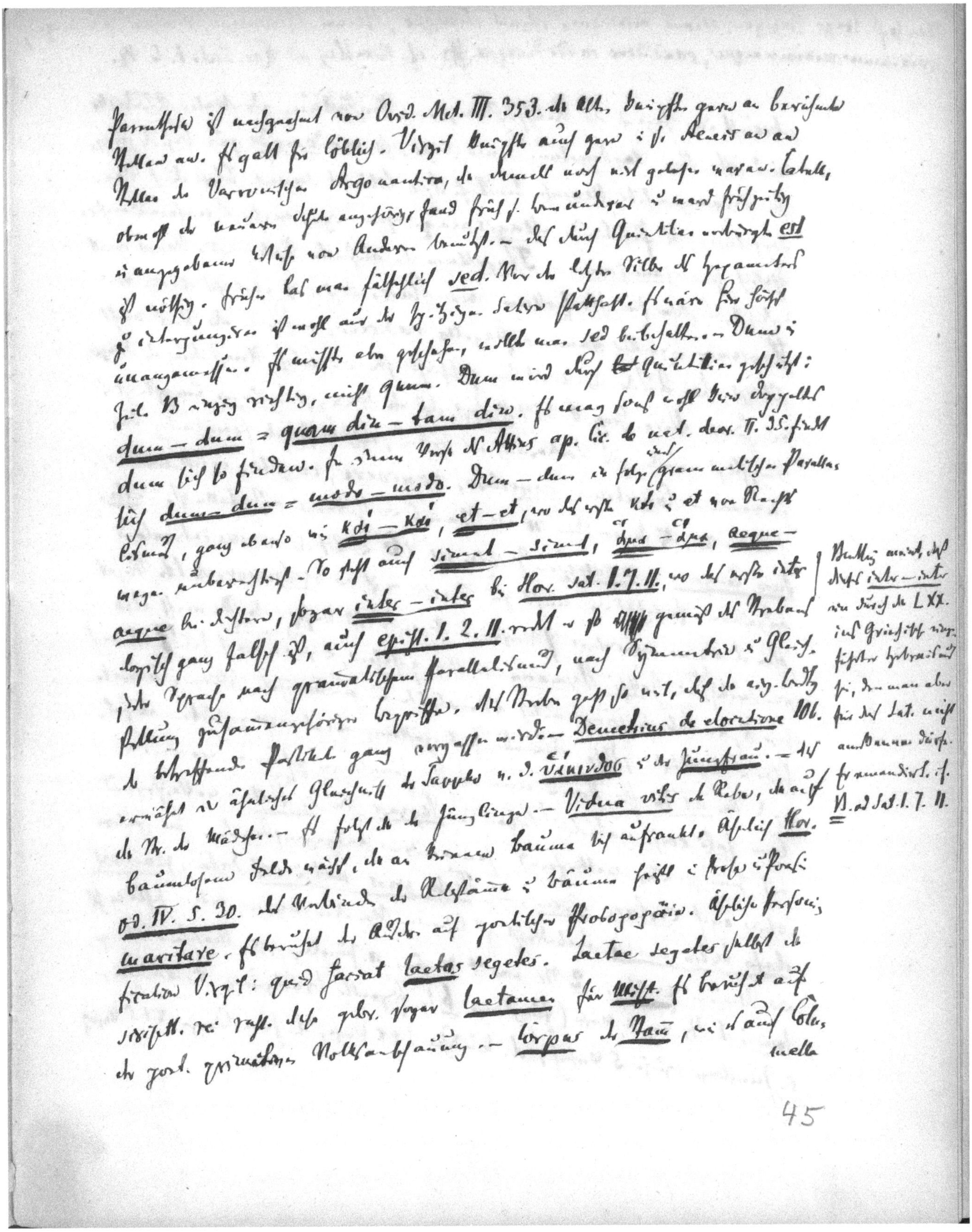

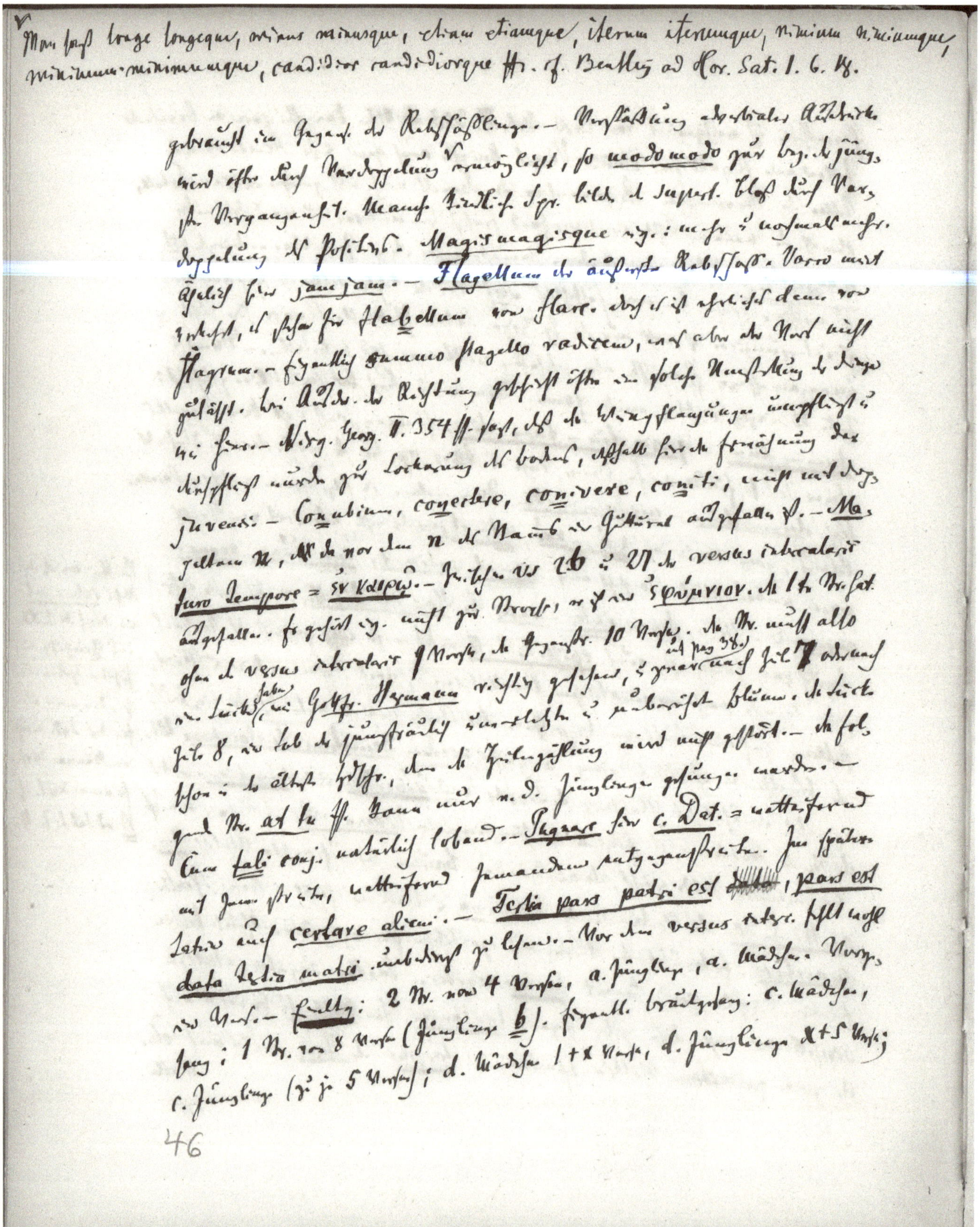

Man sagt longe longeque, minus minusque, etiam etiamque, iterum iterumque, minimum minimumque, minimum minimumque, candidior candidiorque etc. cf. Bentley ad Hor. Sat. I. 6. 48.

46

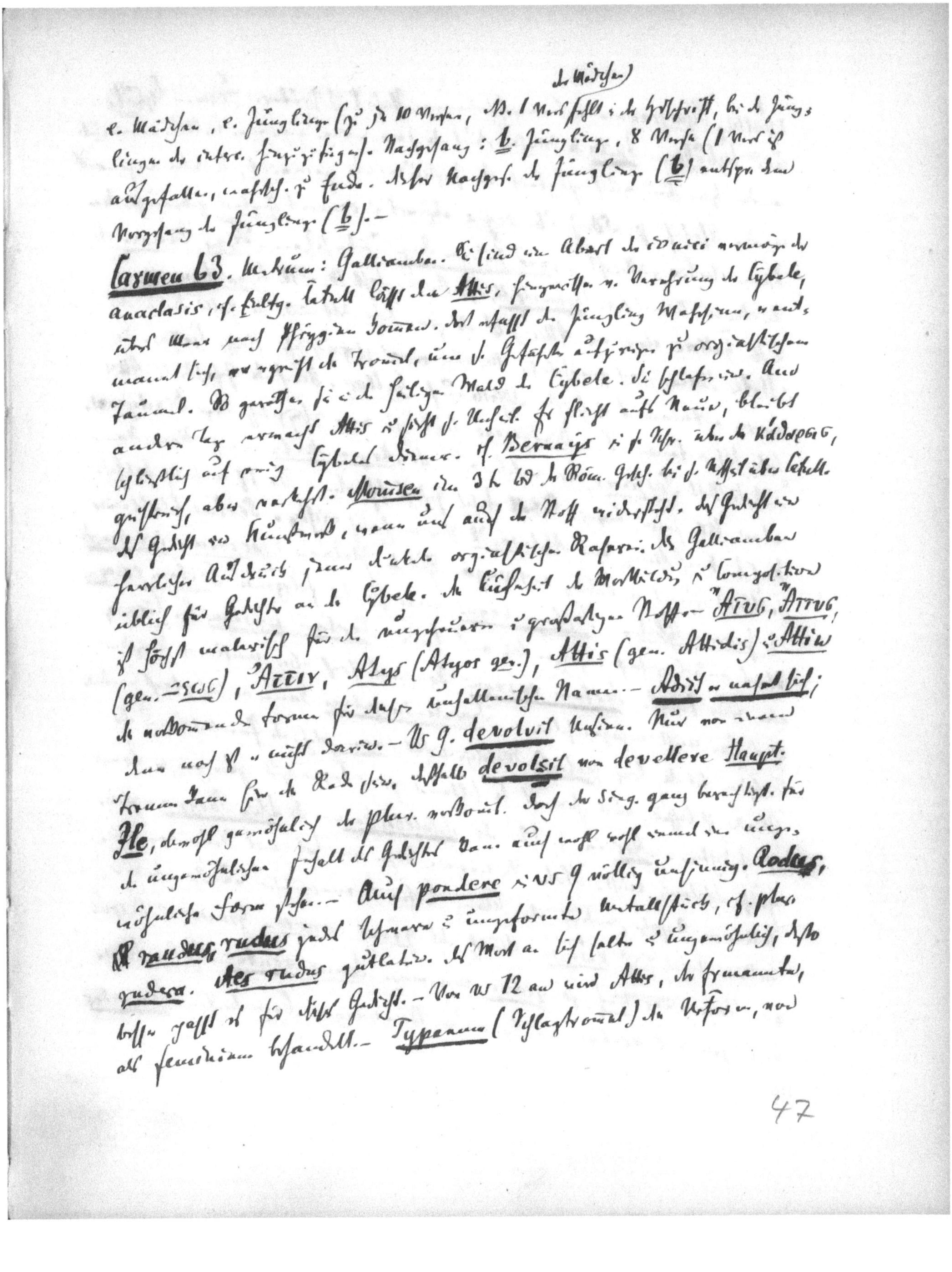

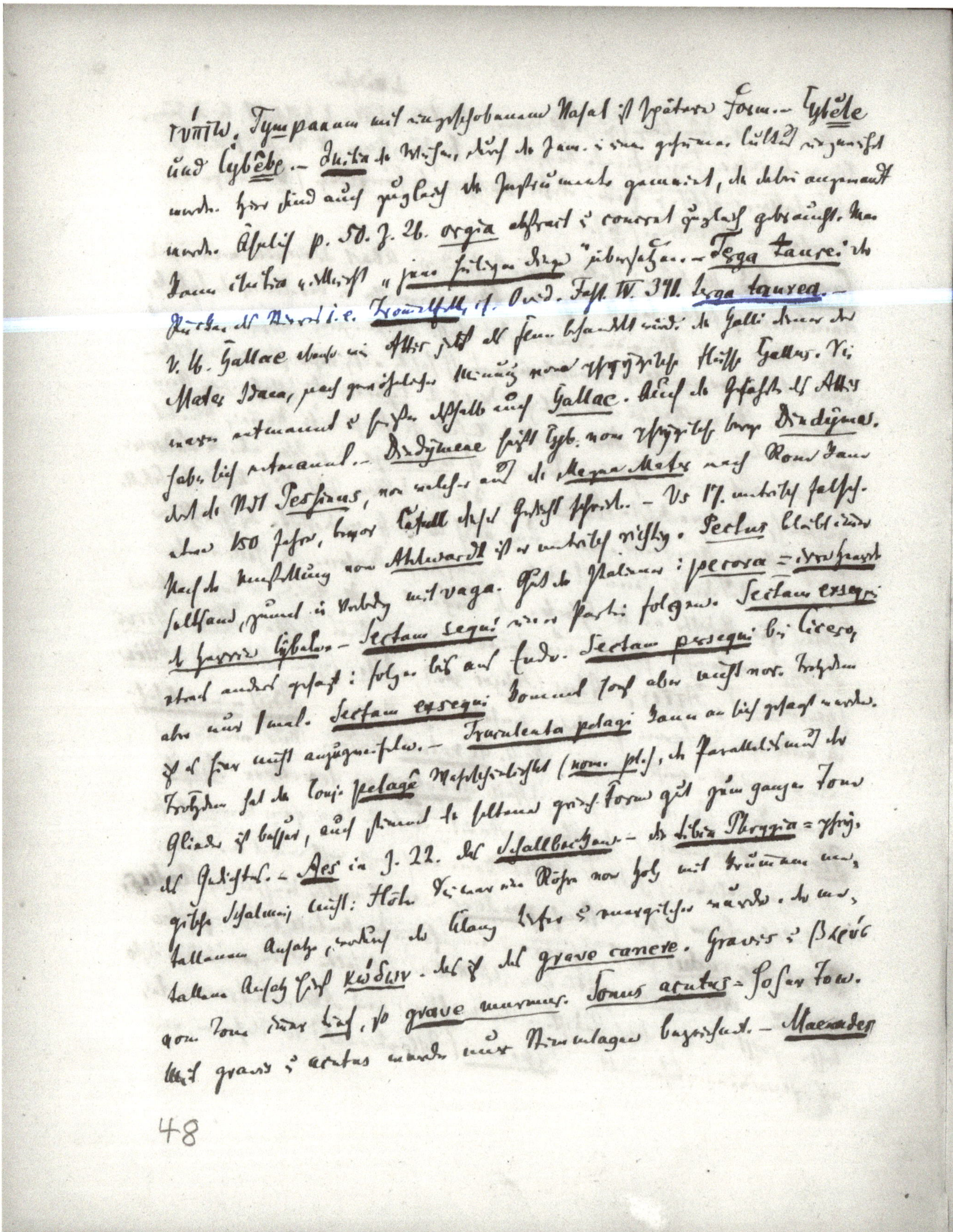

48

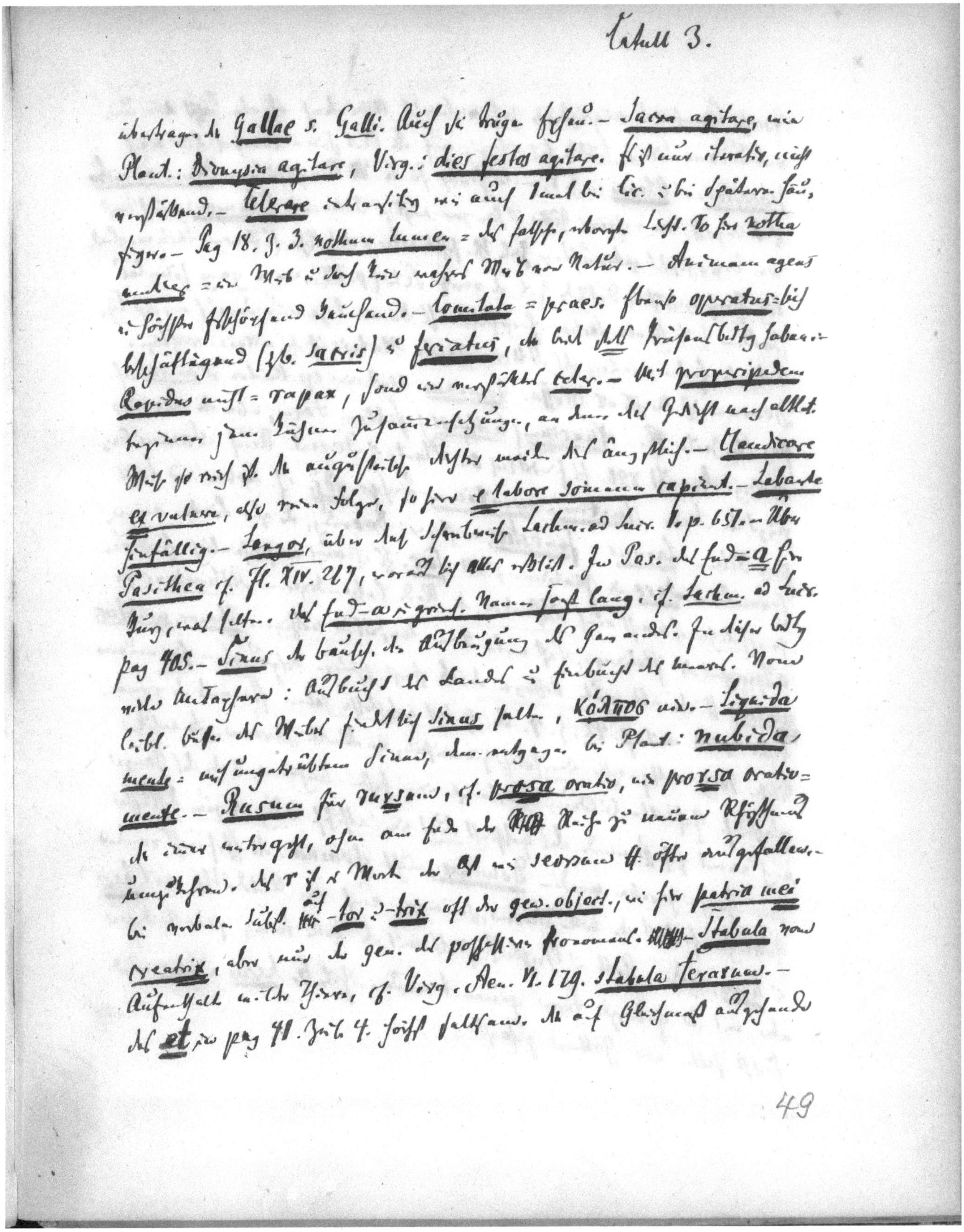

Catull 3.

49

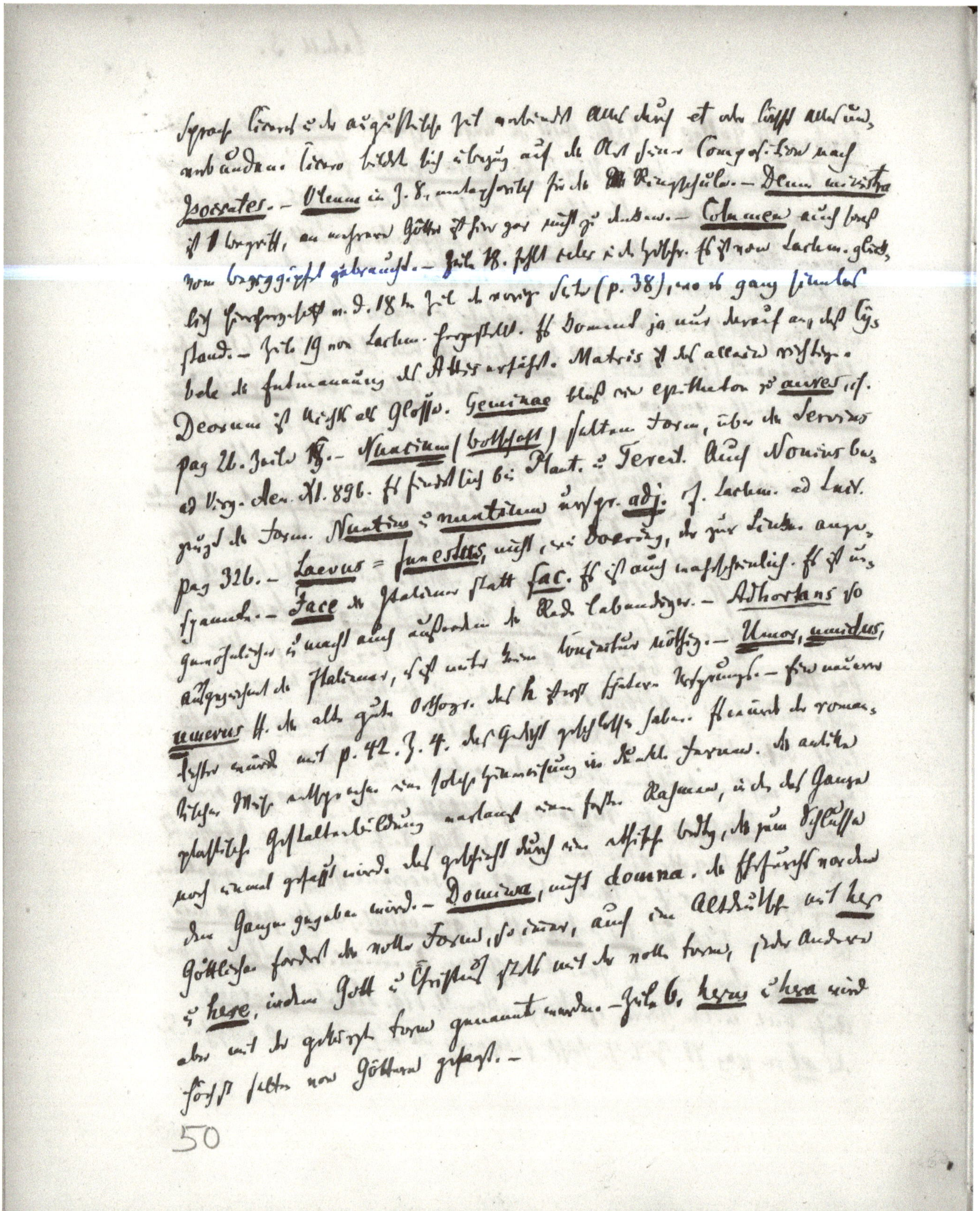

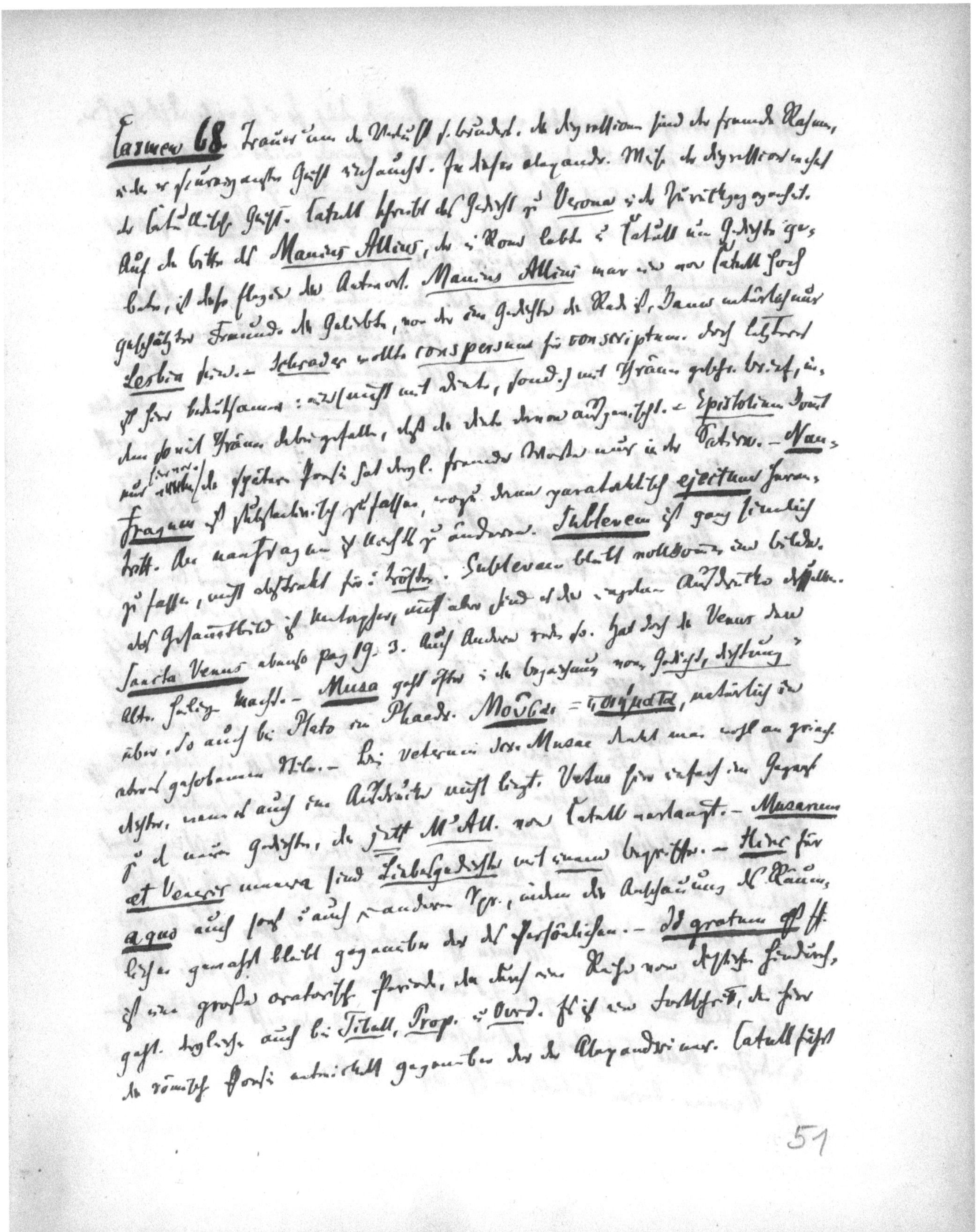

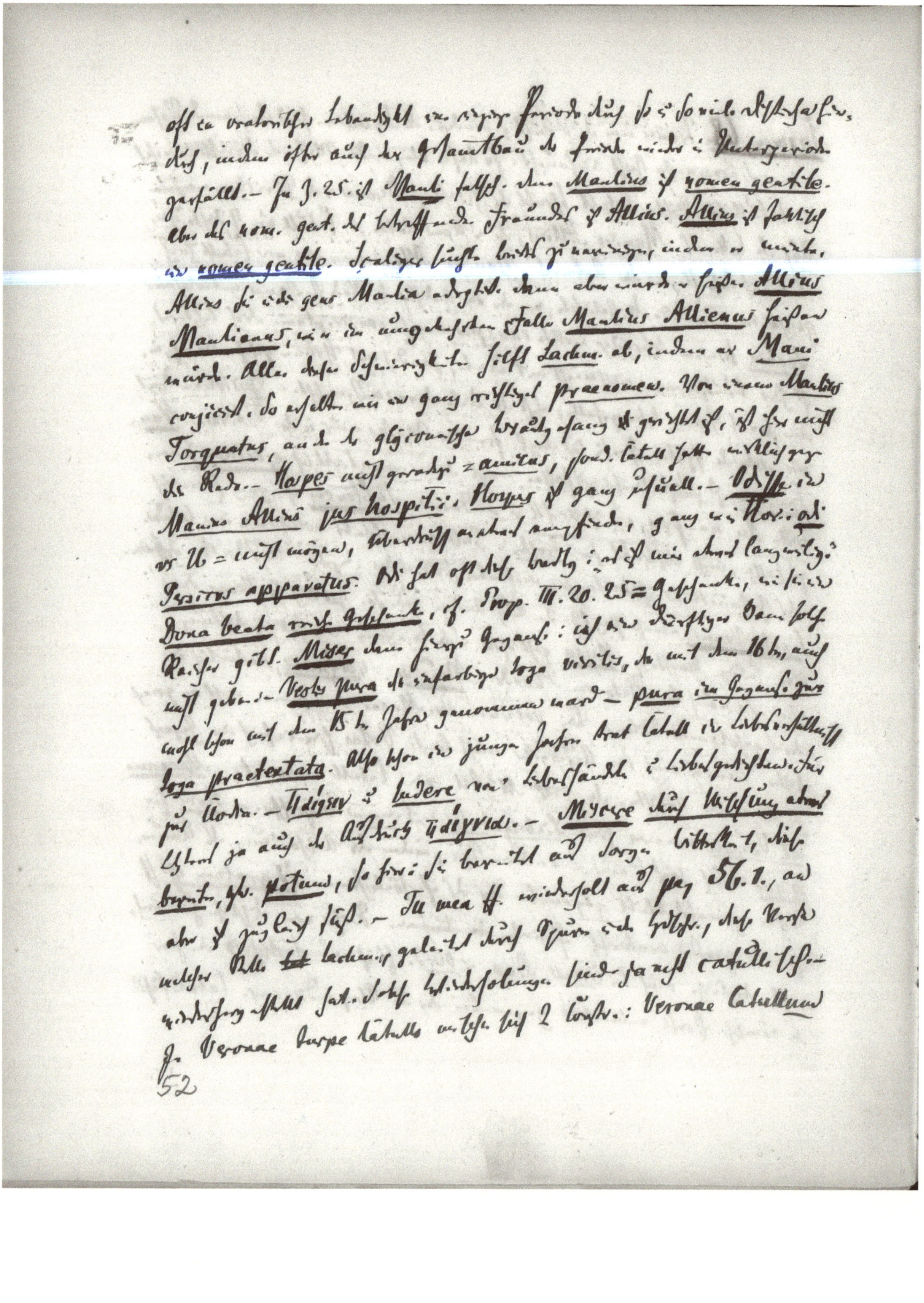

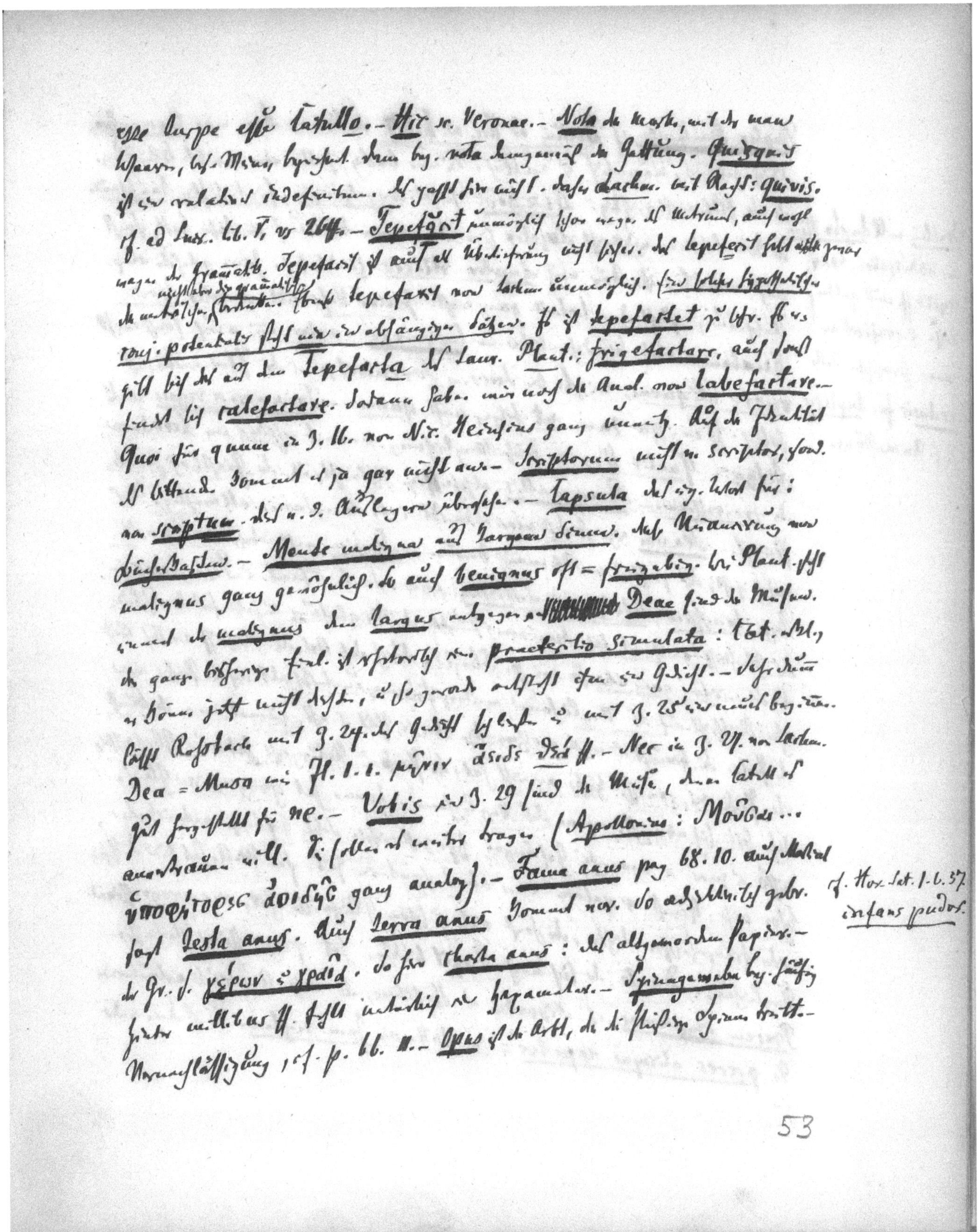

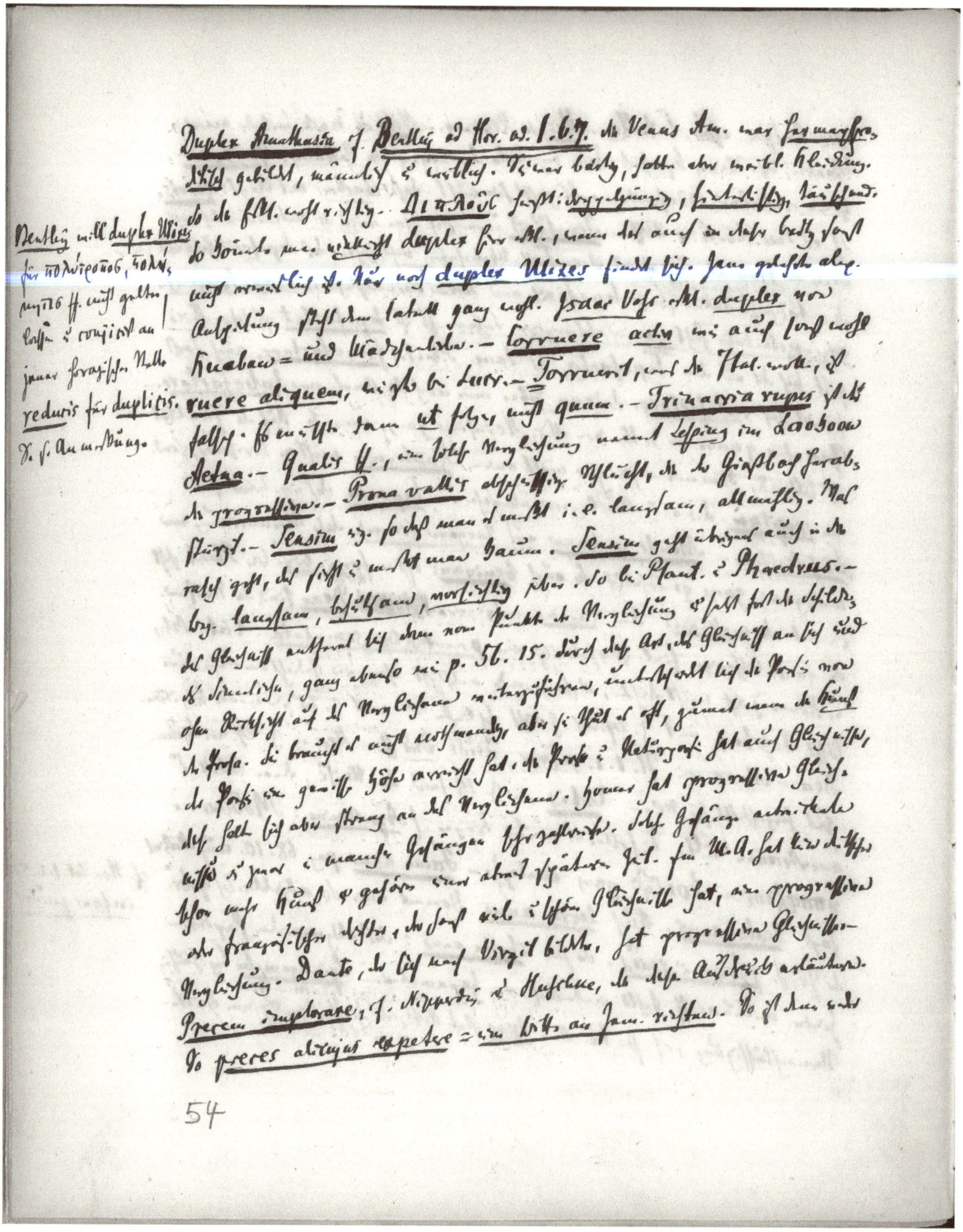

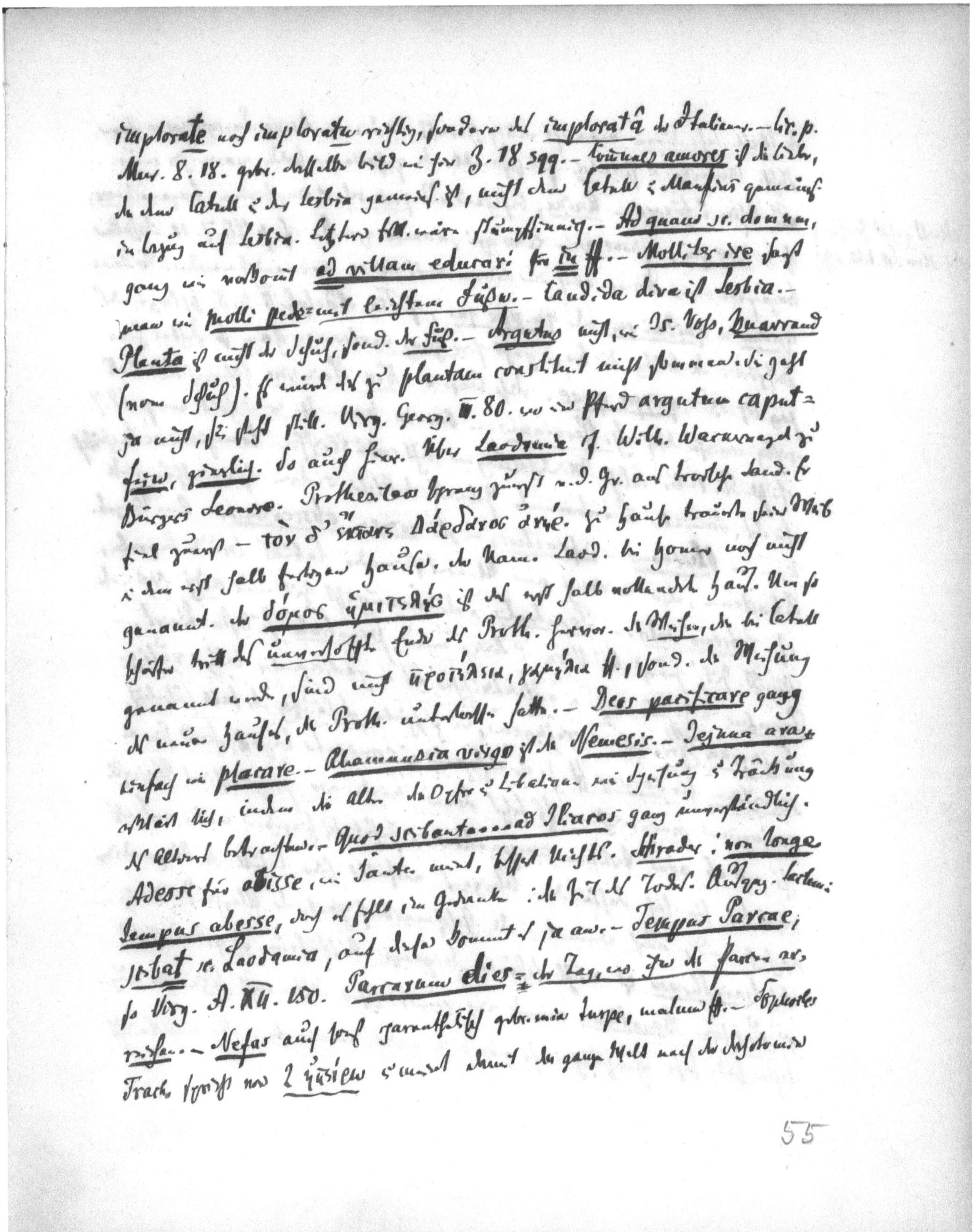

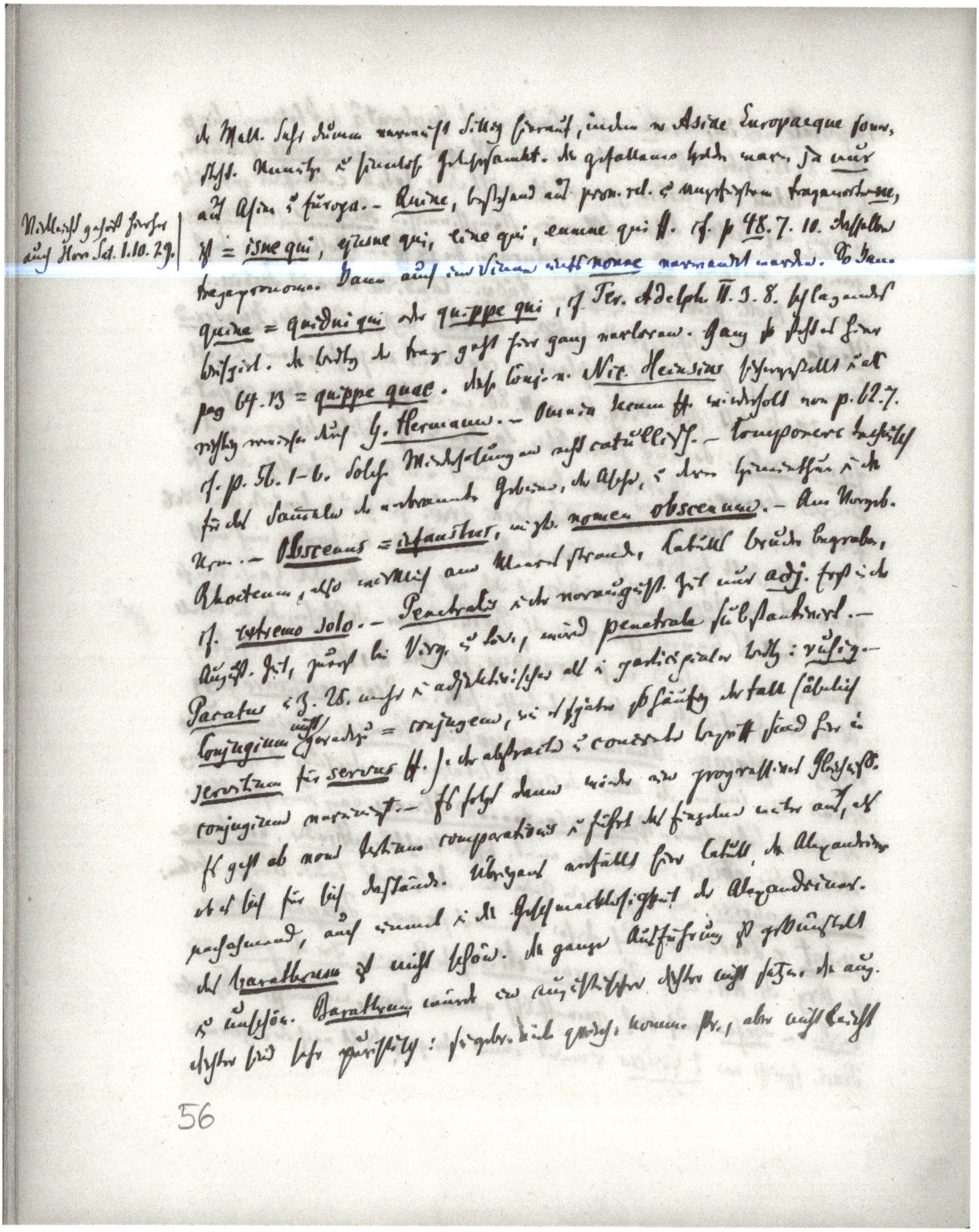

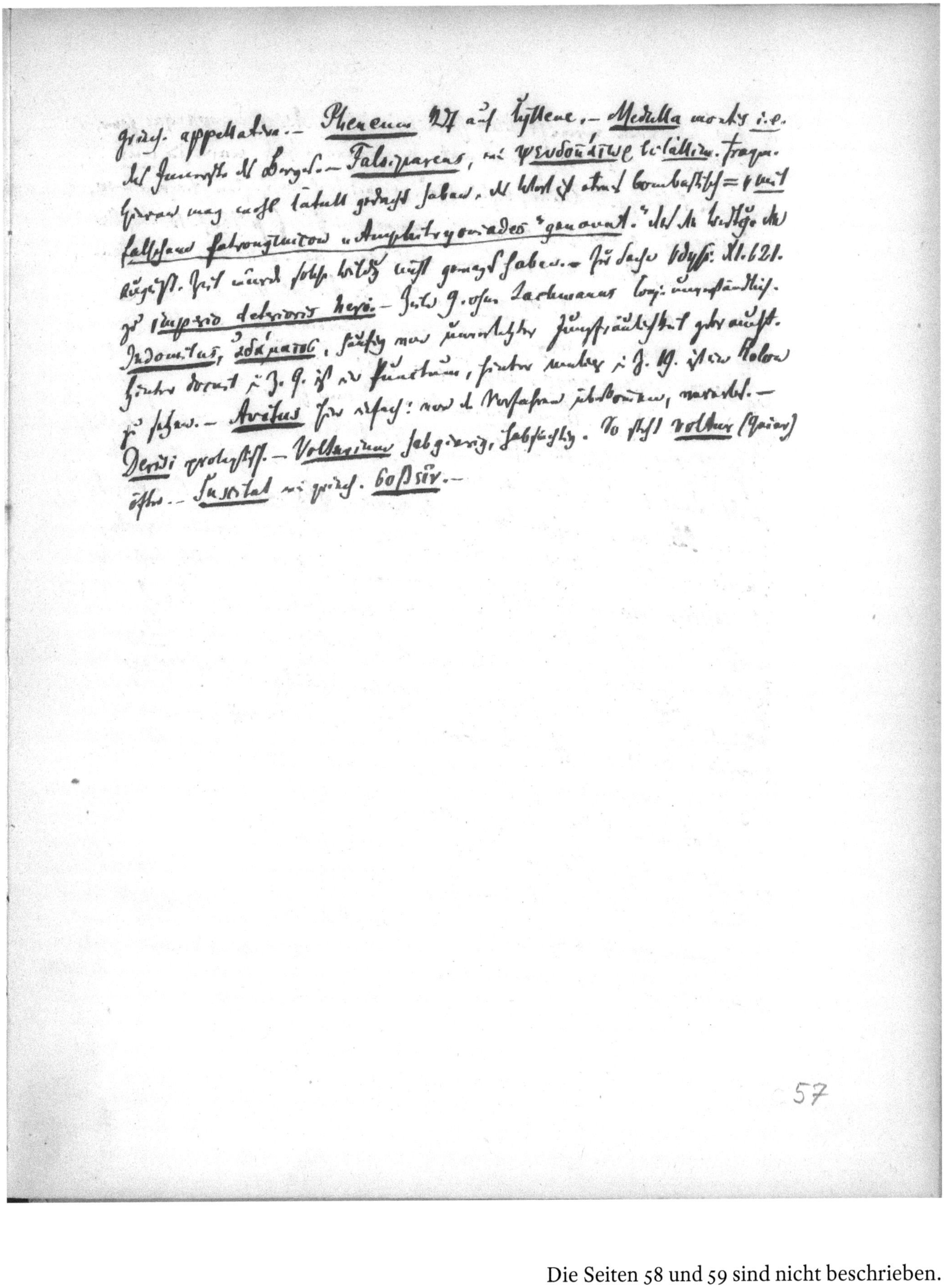

Die Seiten 58 und 59 sind nicht beschrieben.

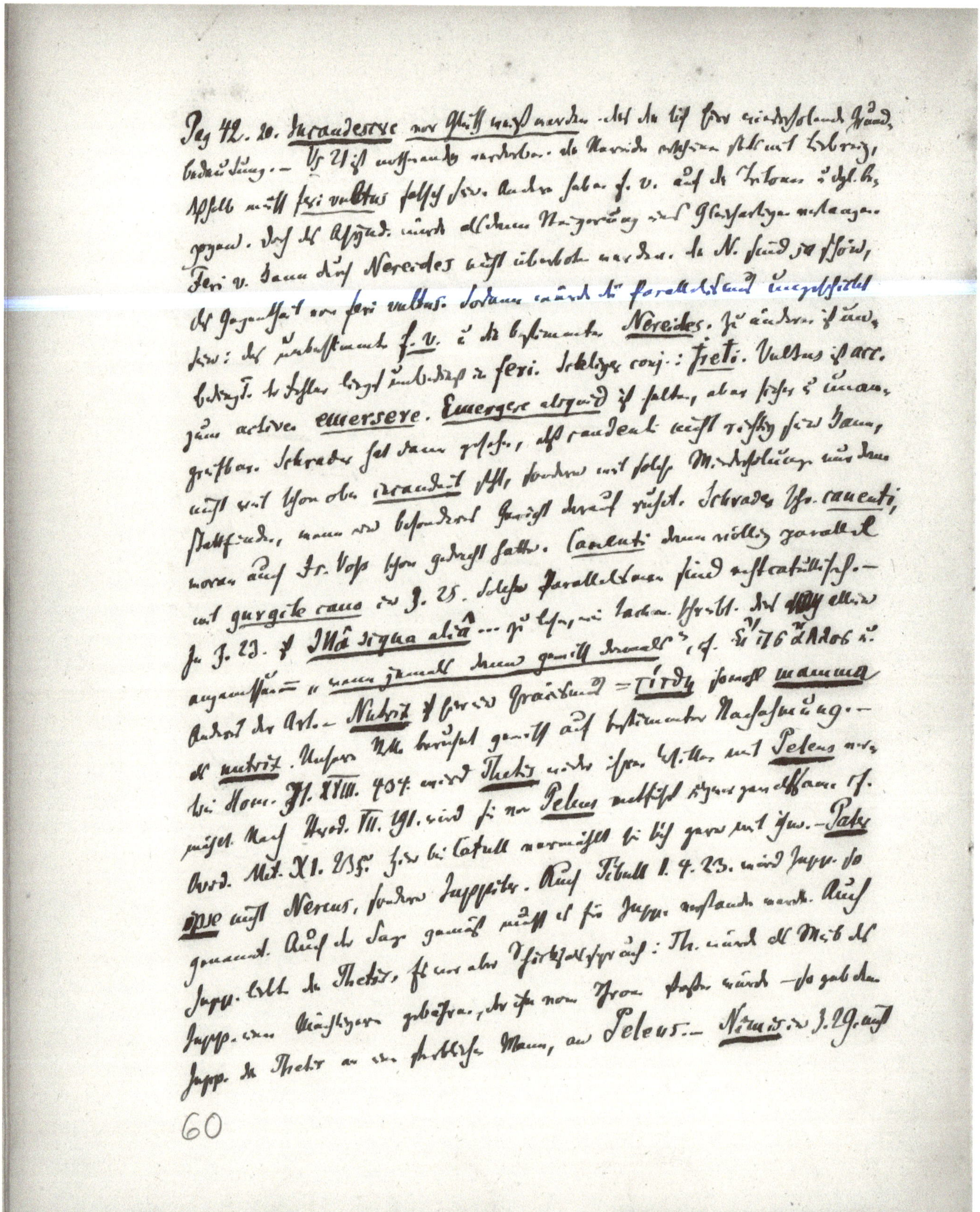

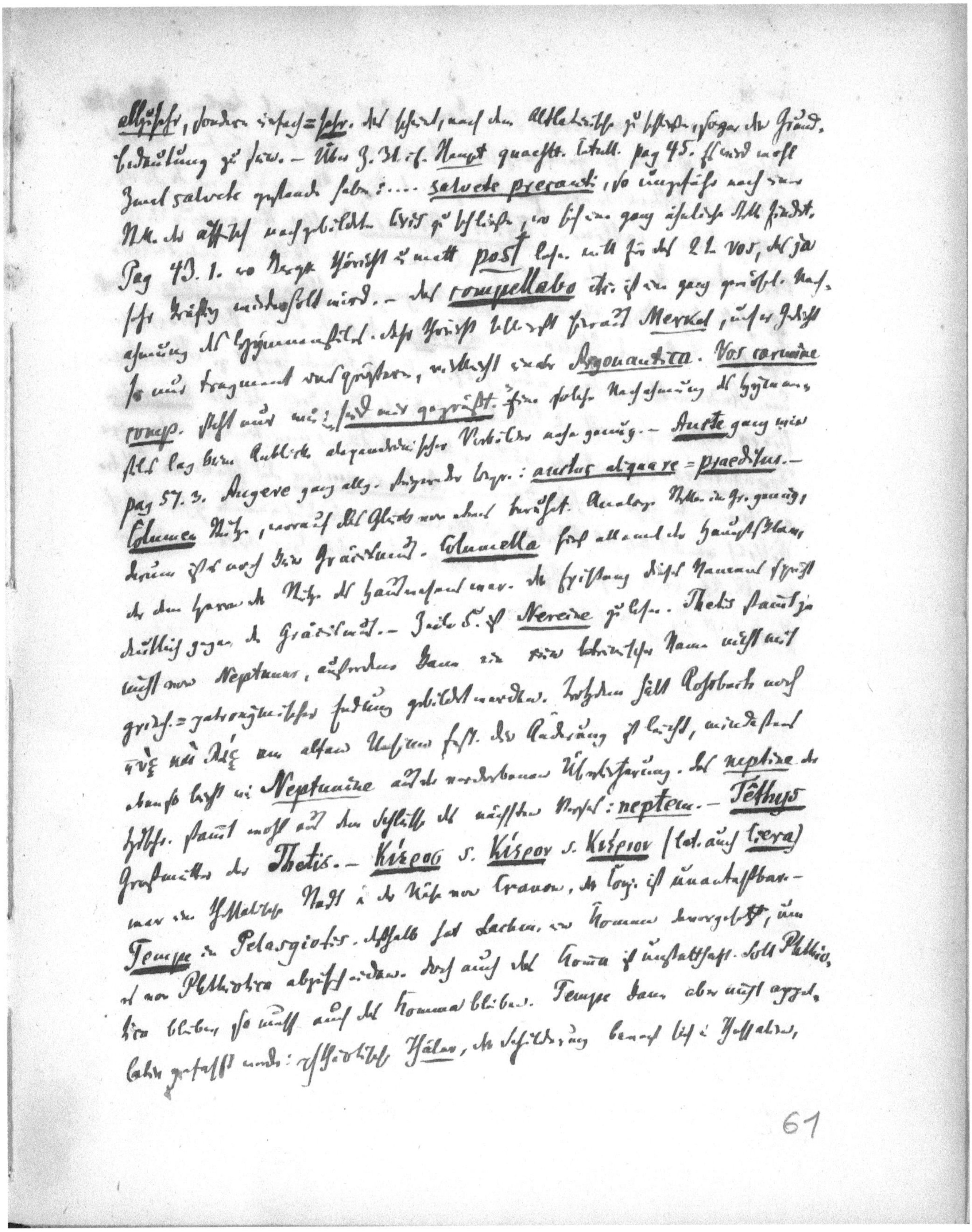

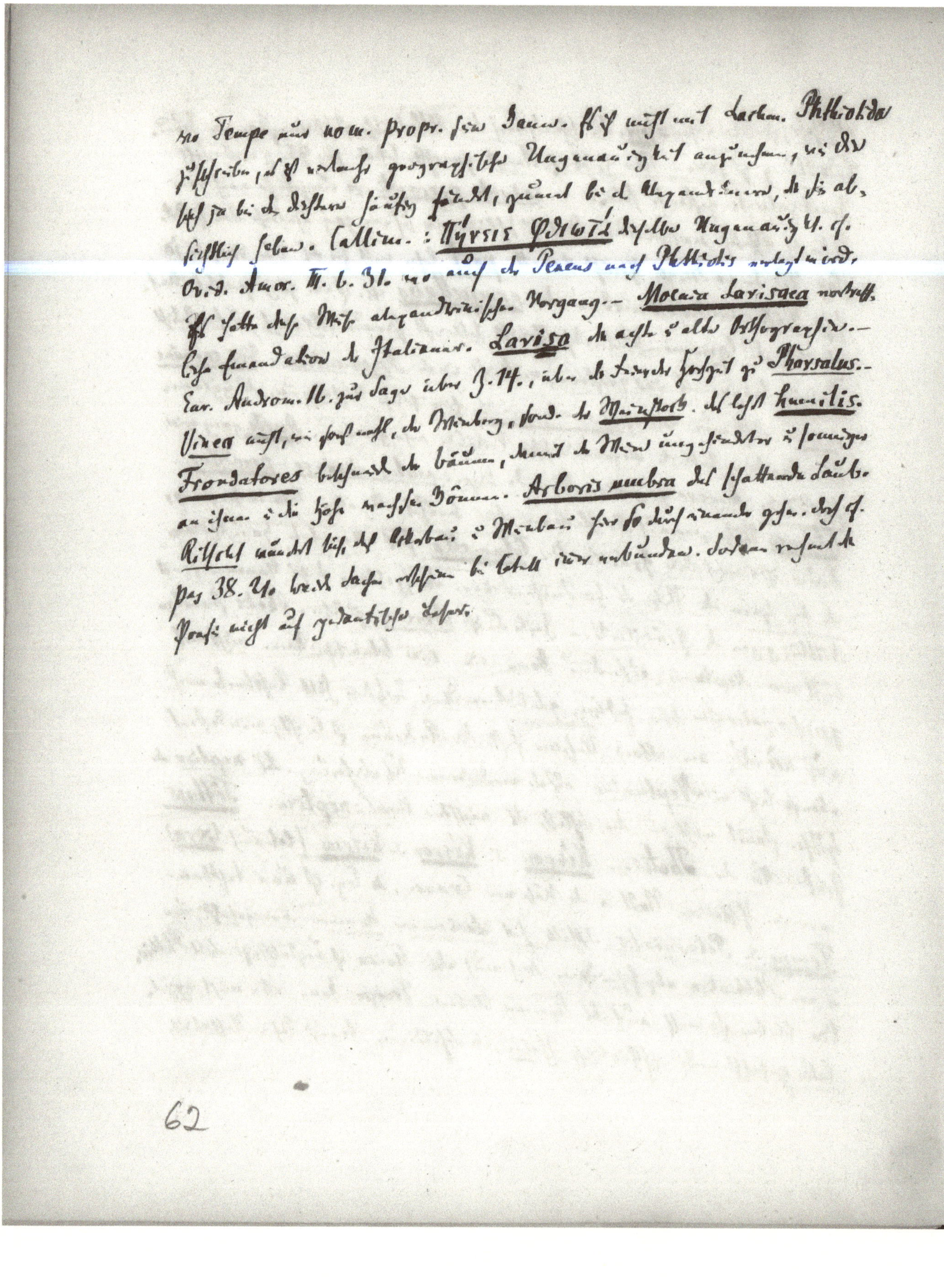

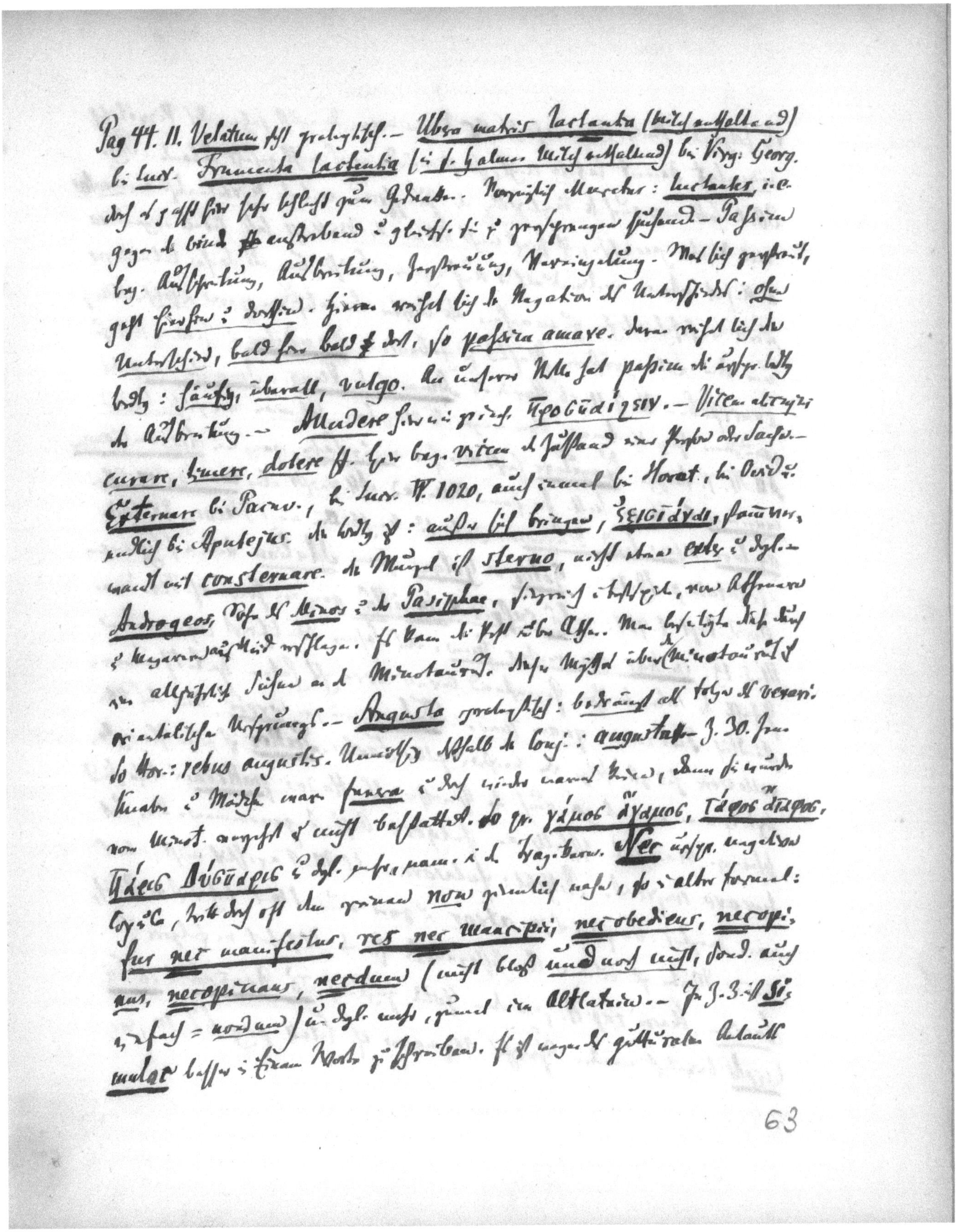

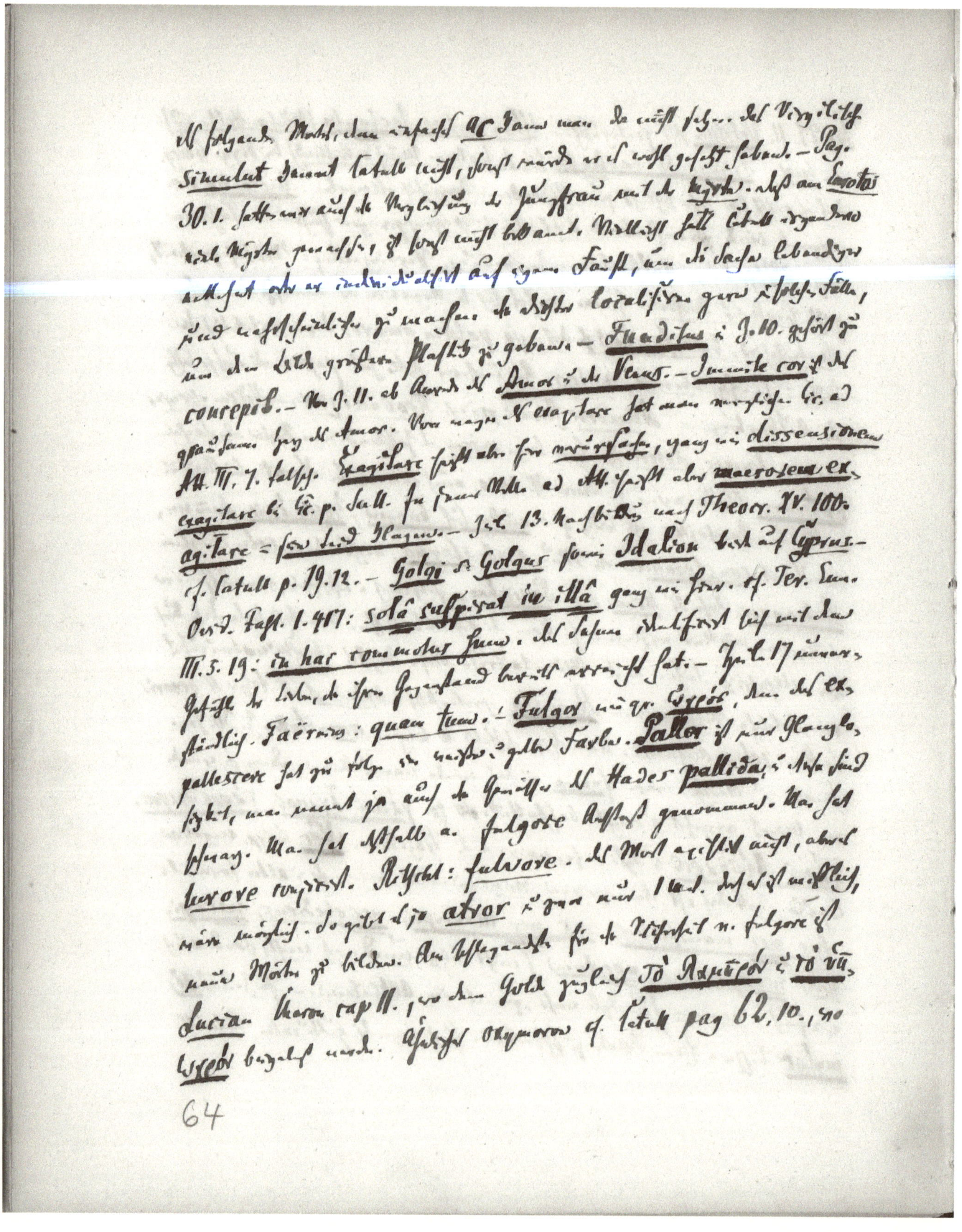

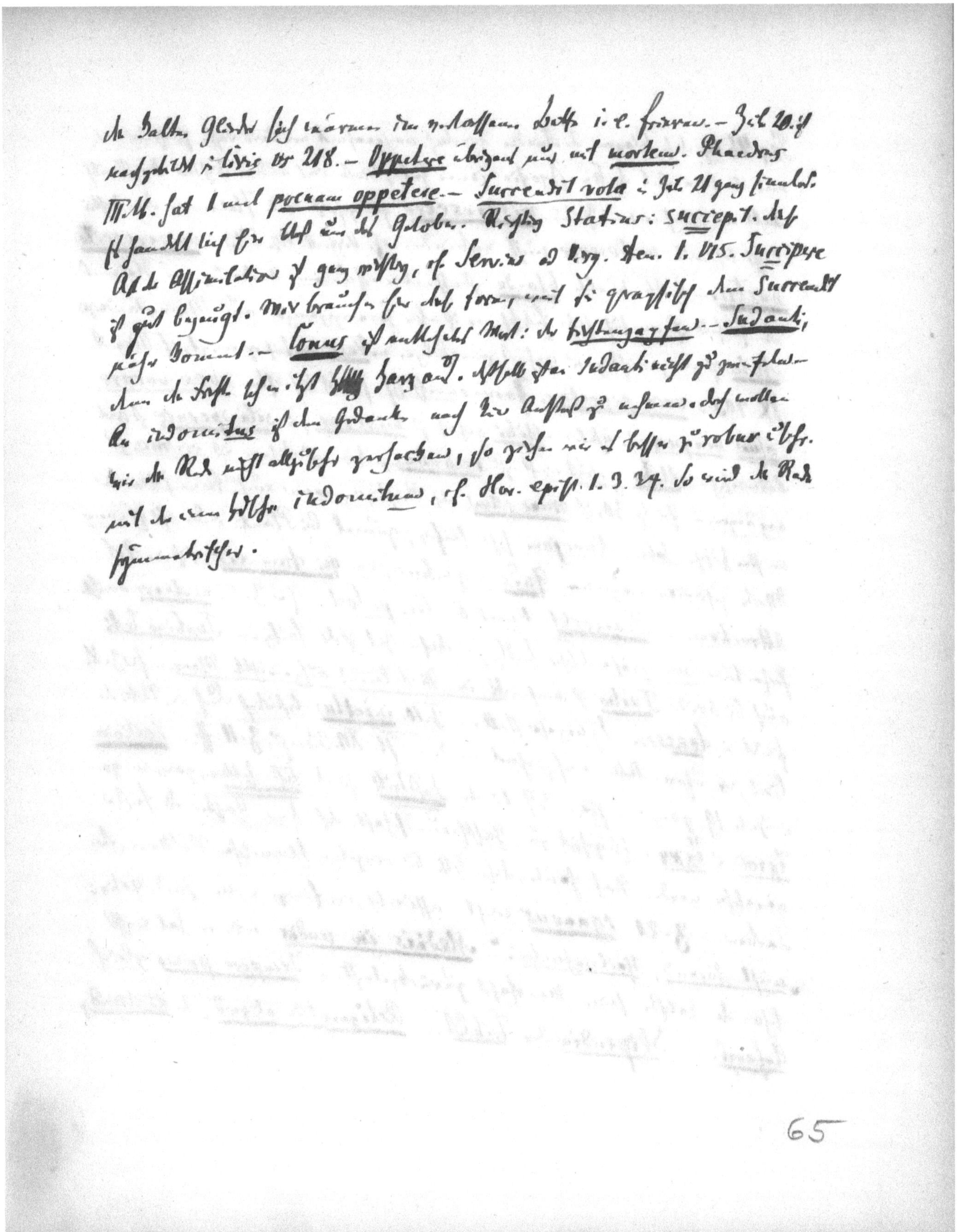

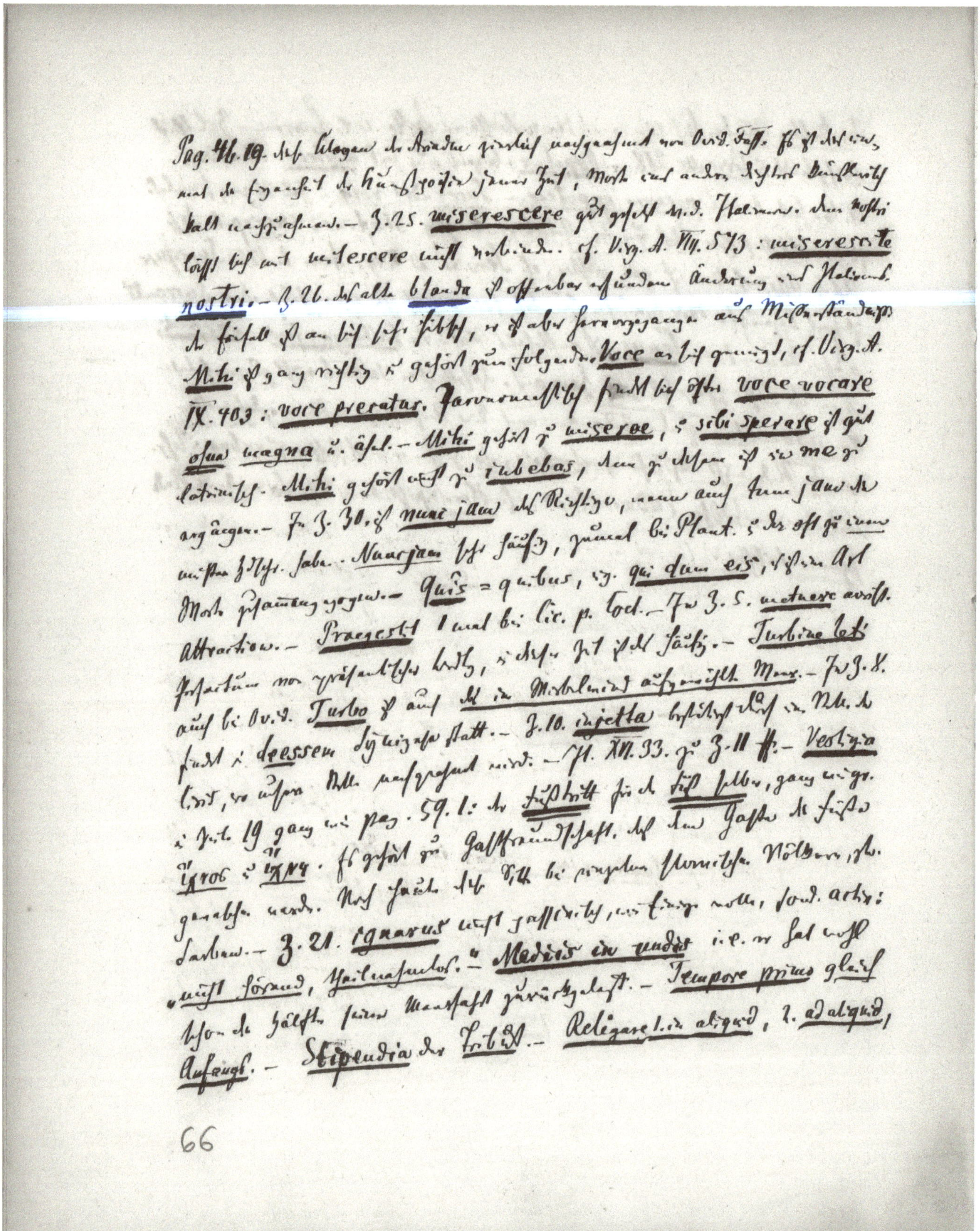

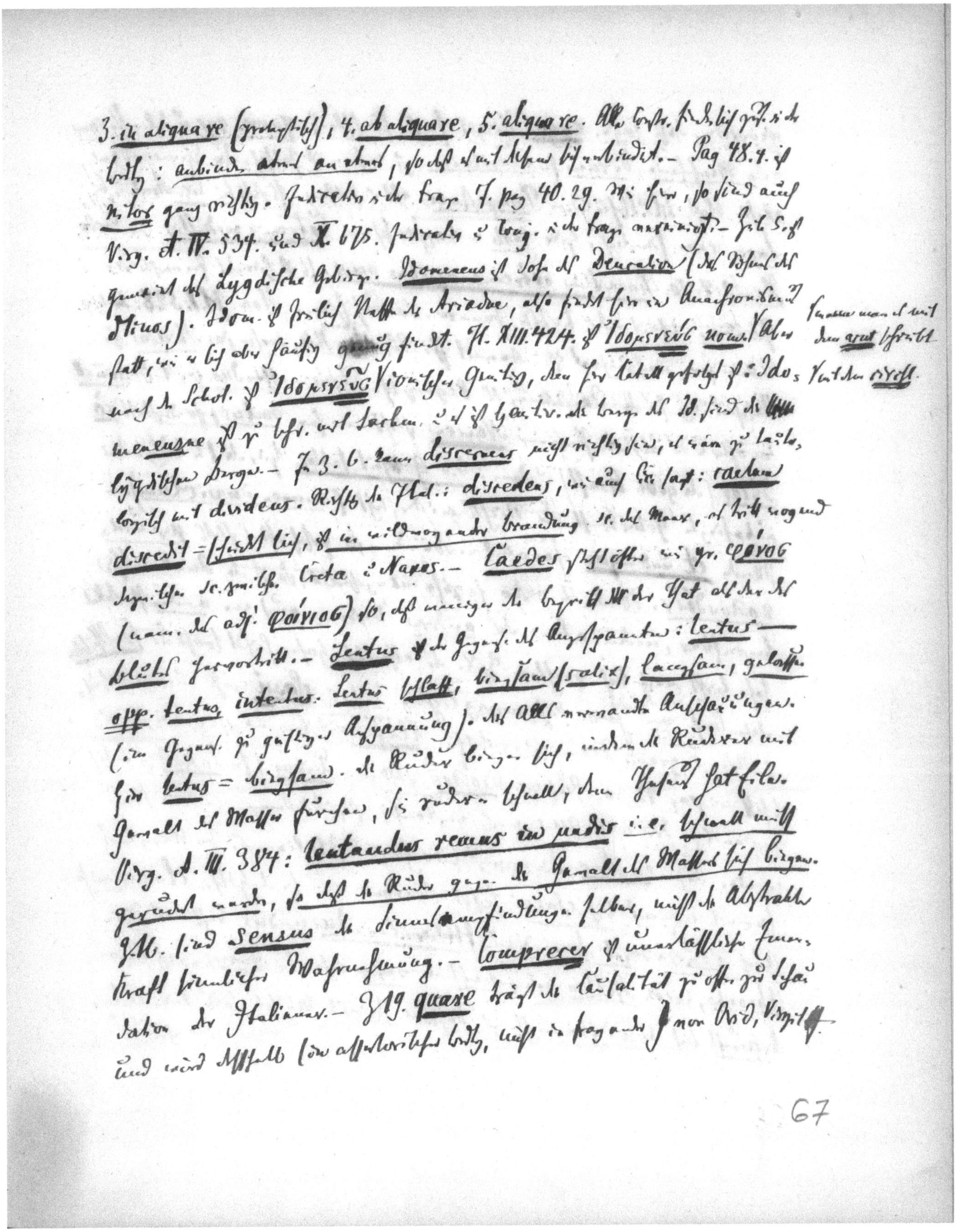

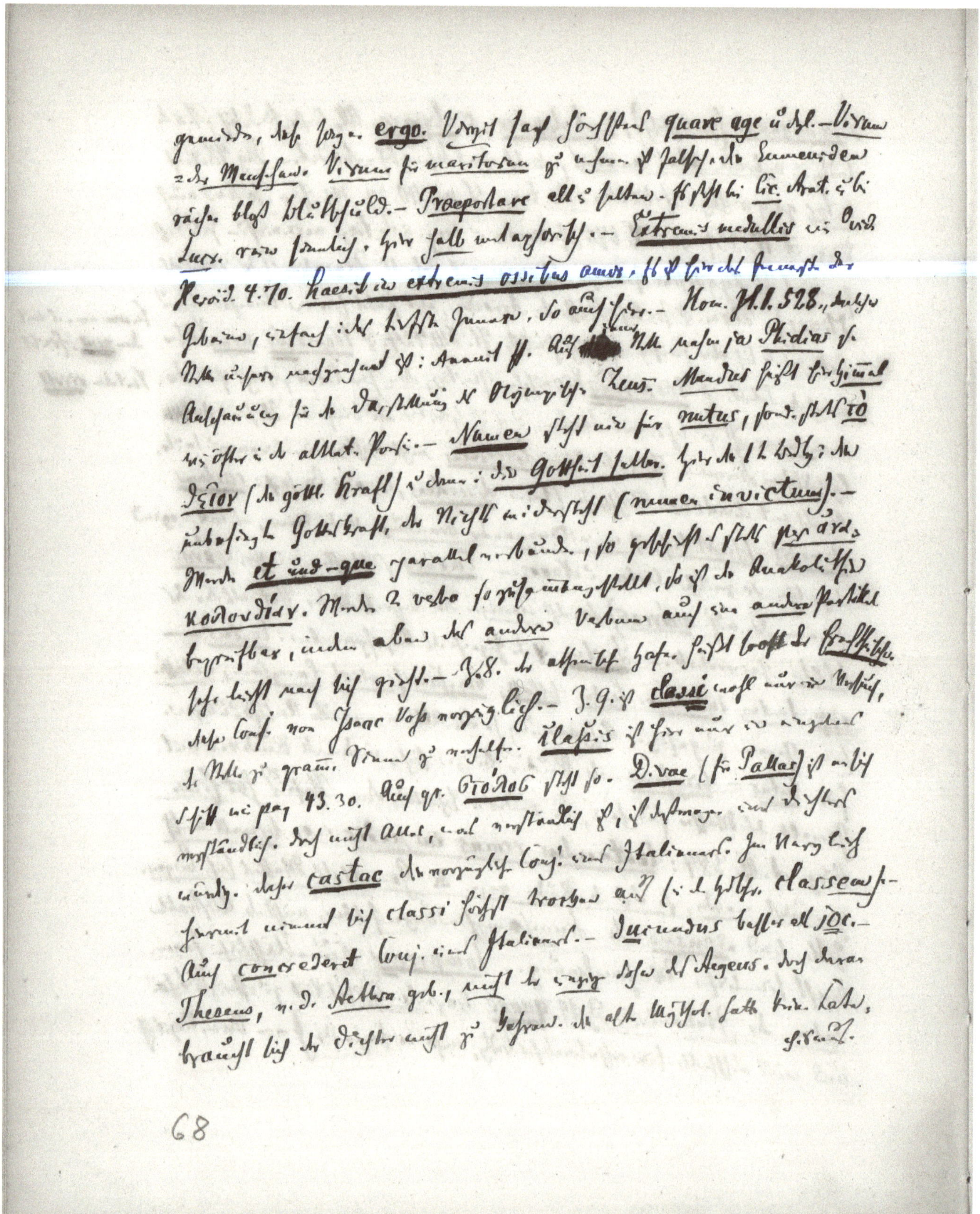

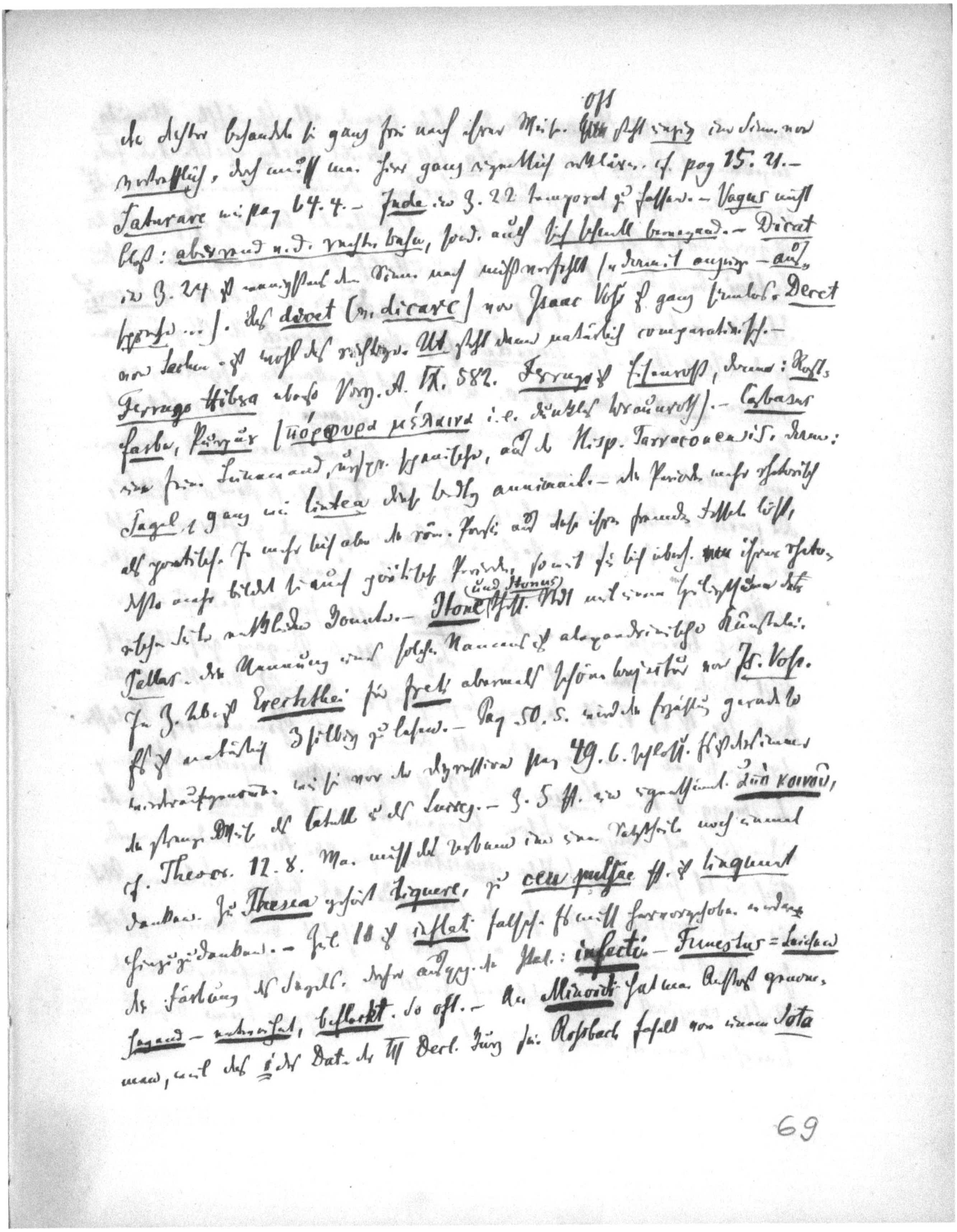

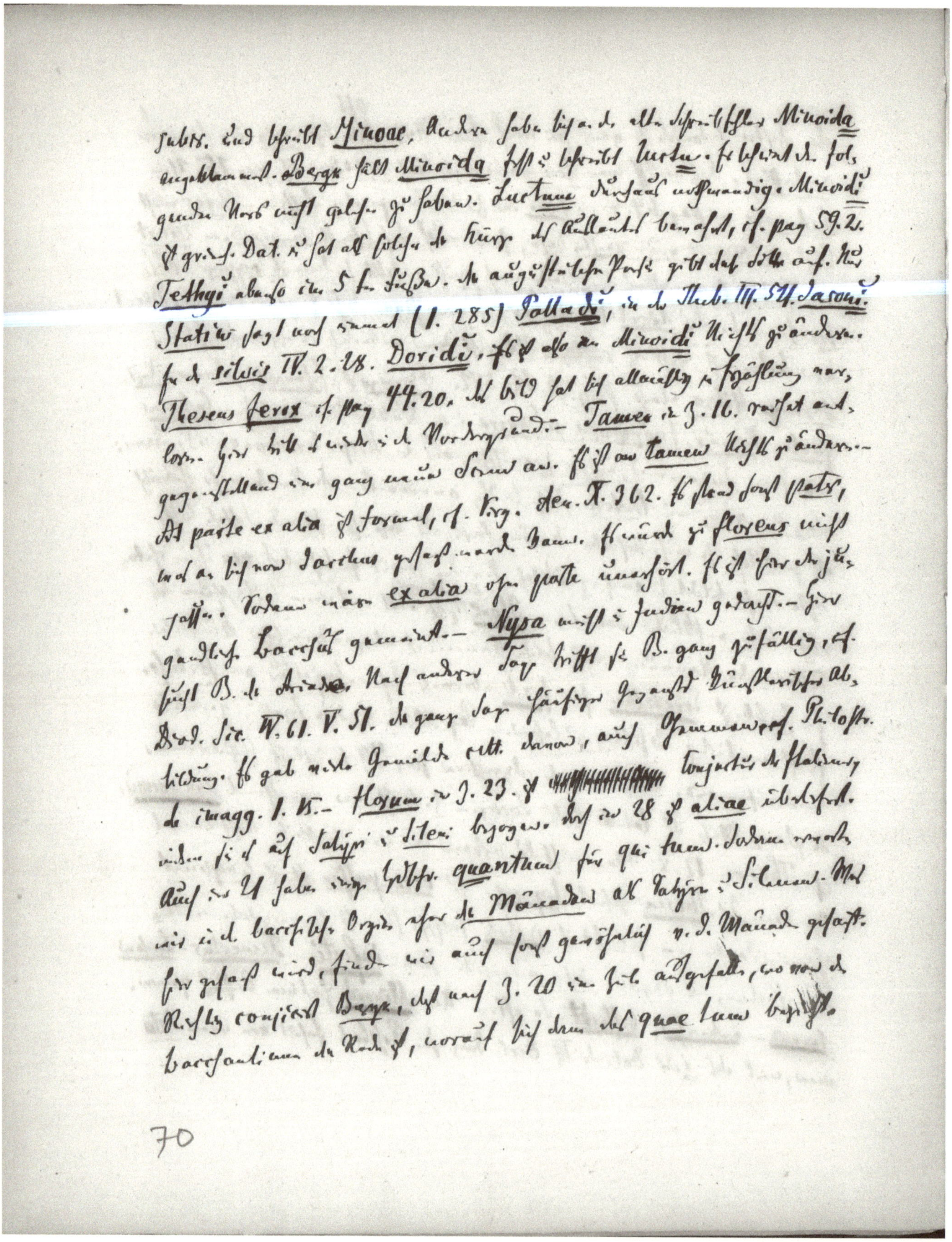

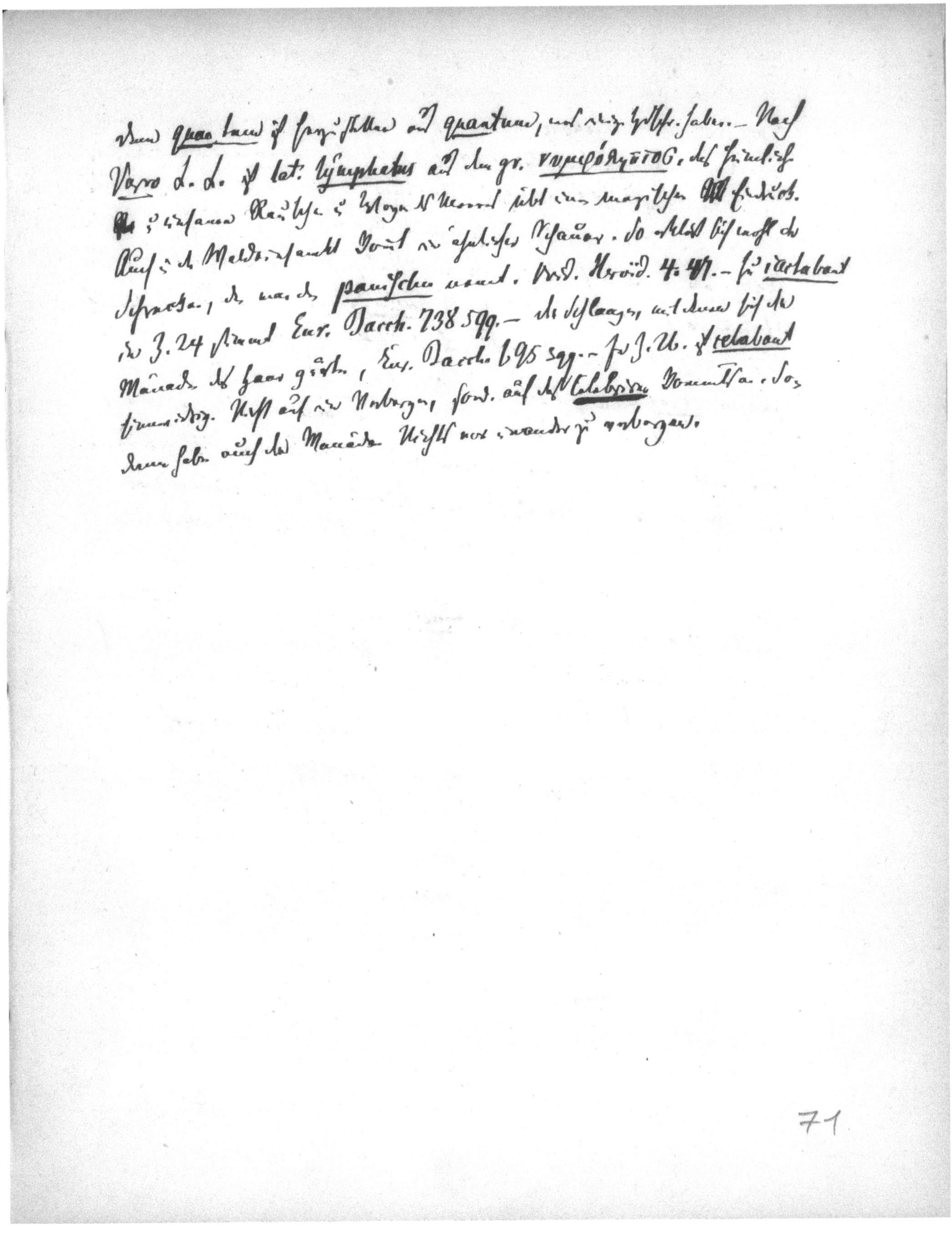

Die Seiten 72 und 73 sind nicht beschrieben.

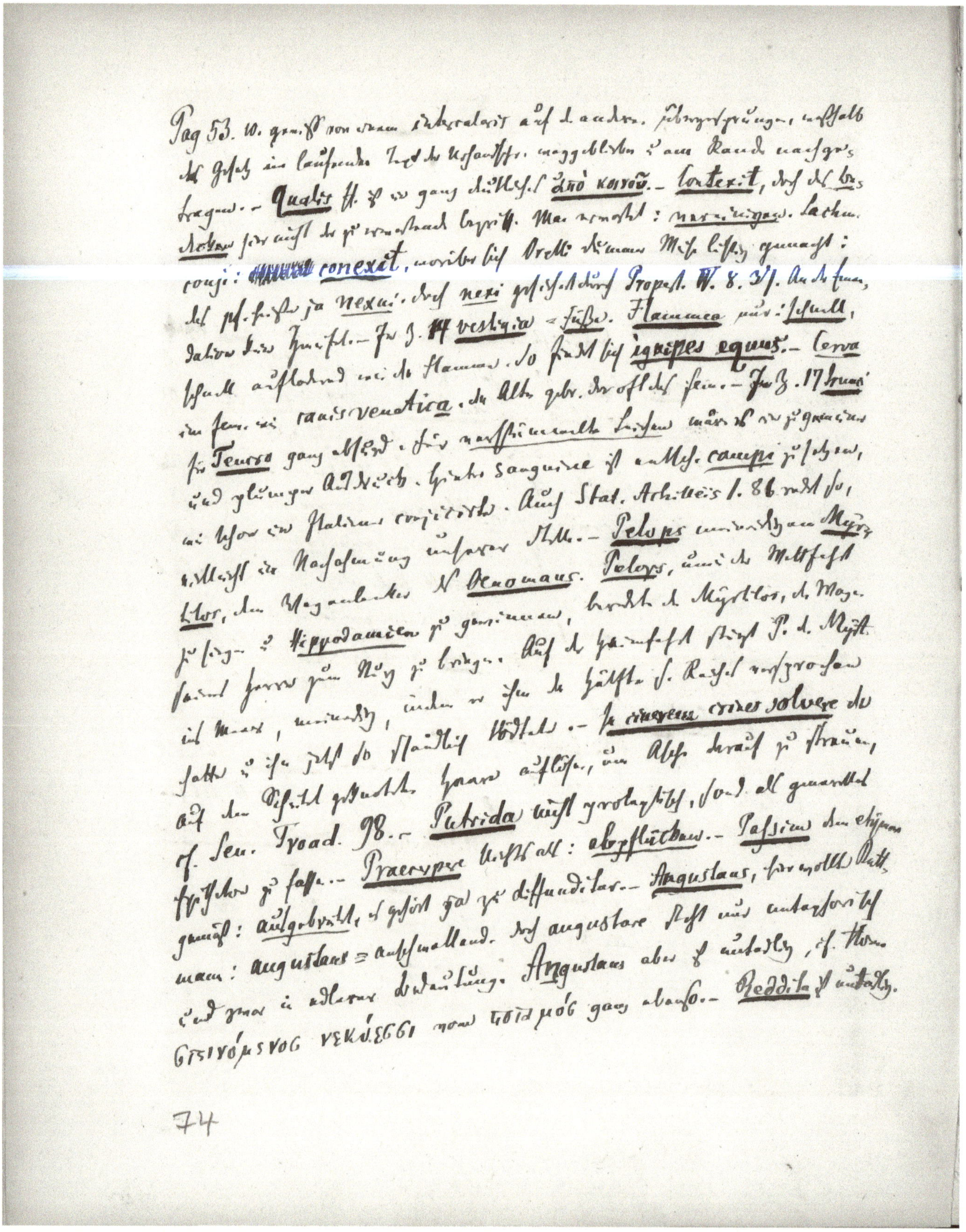
74

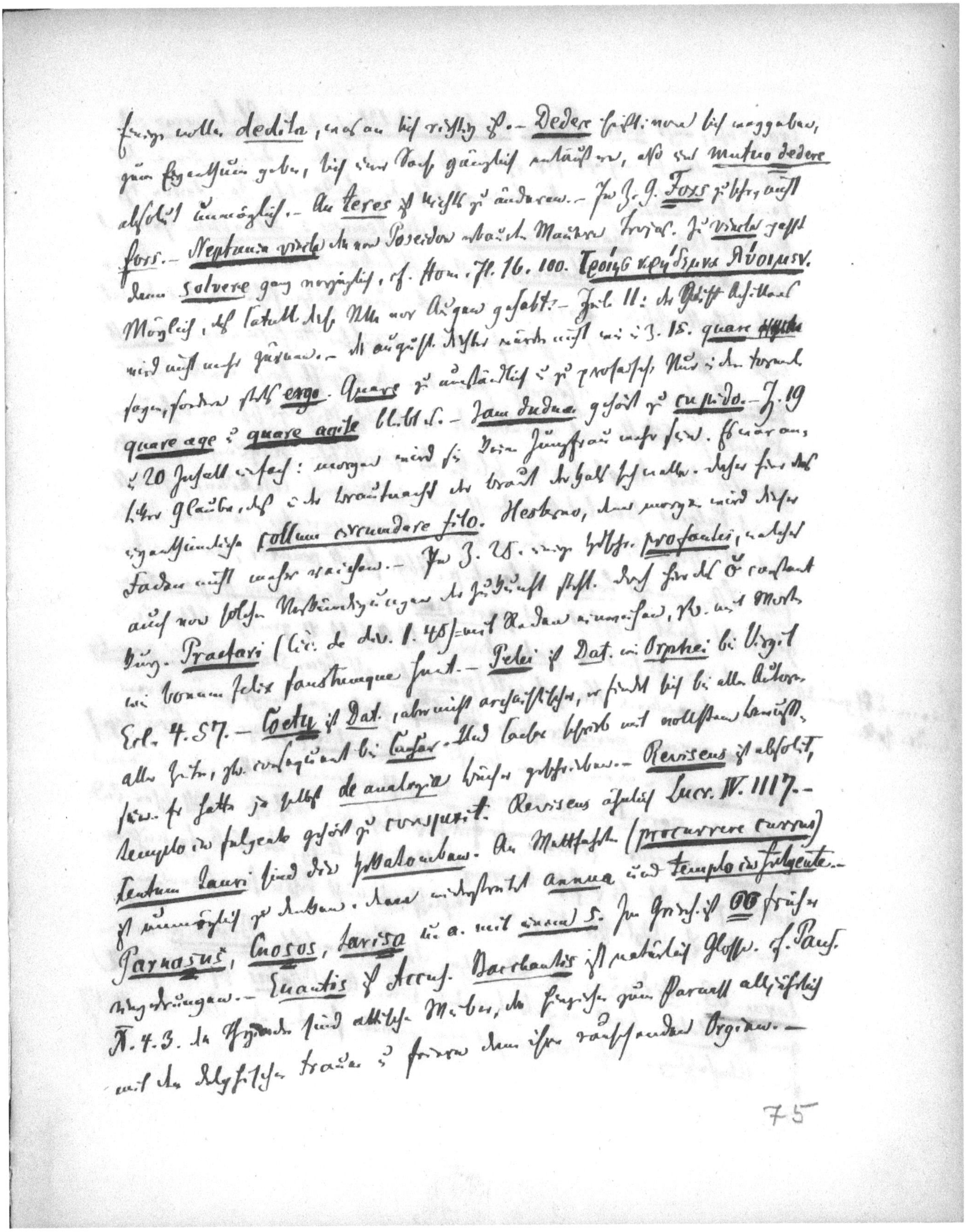

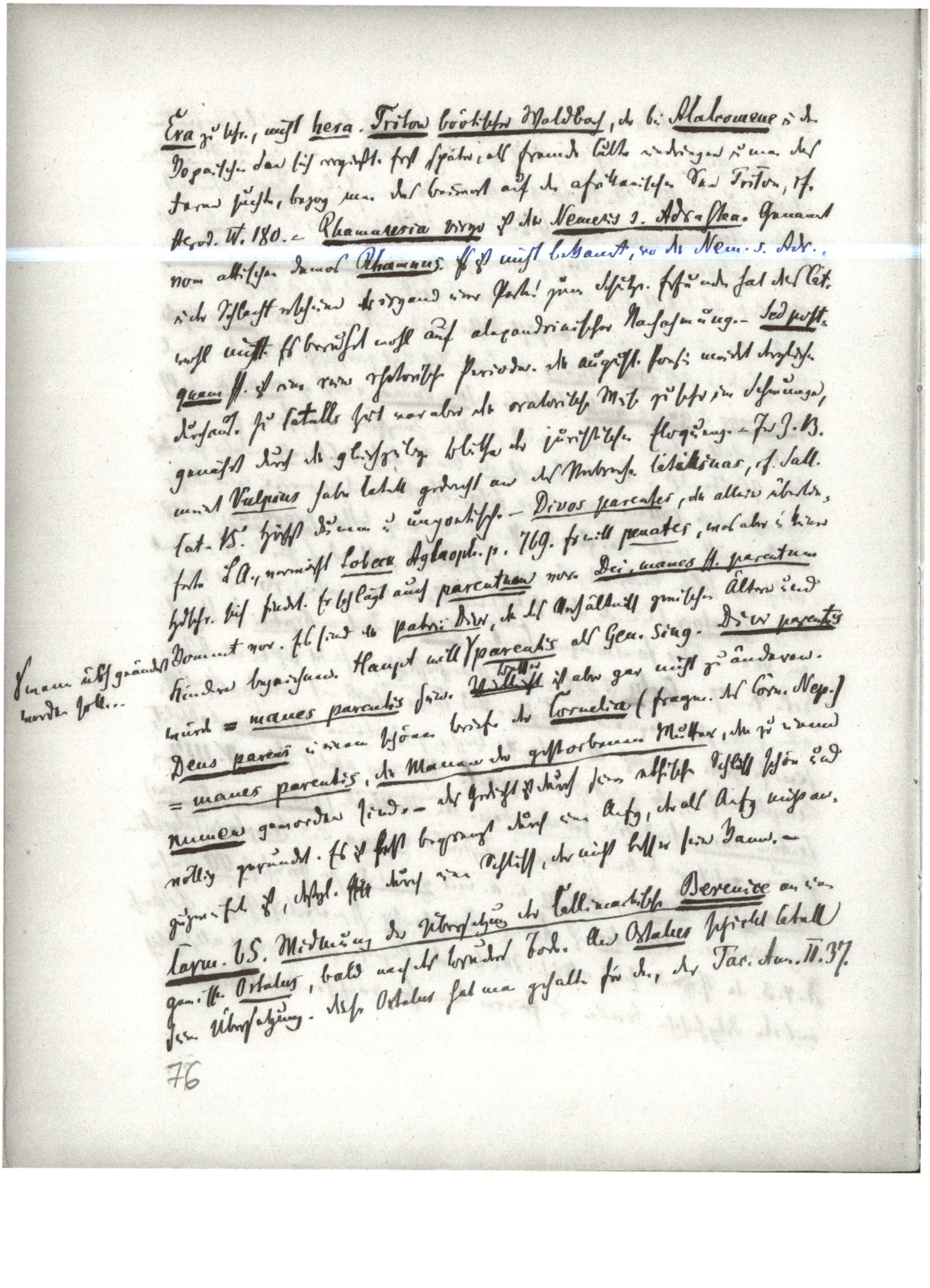

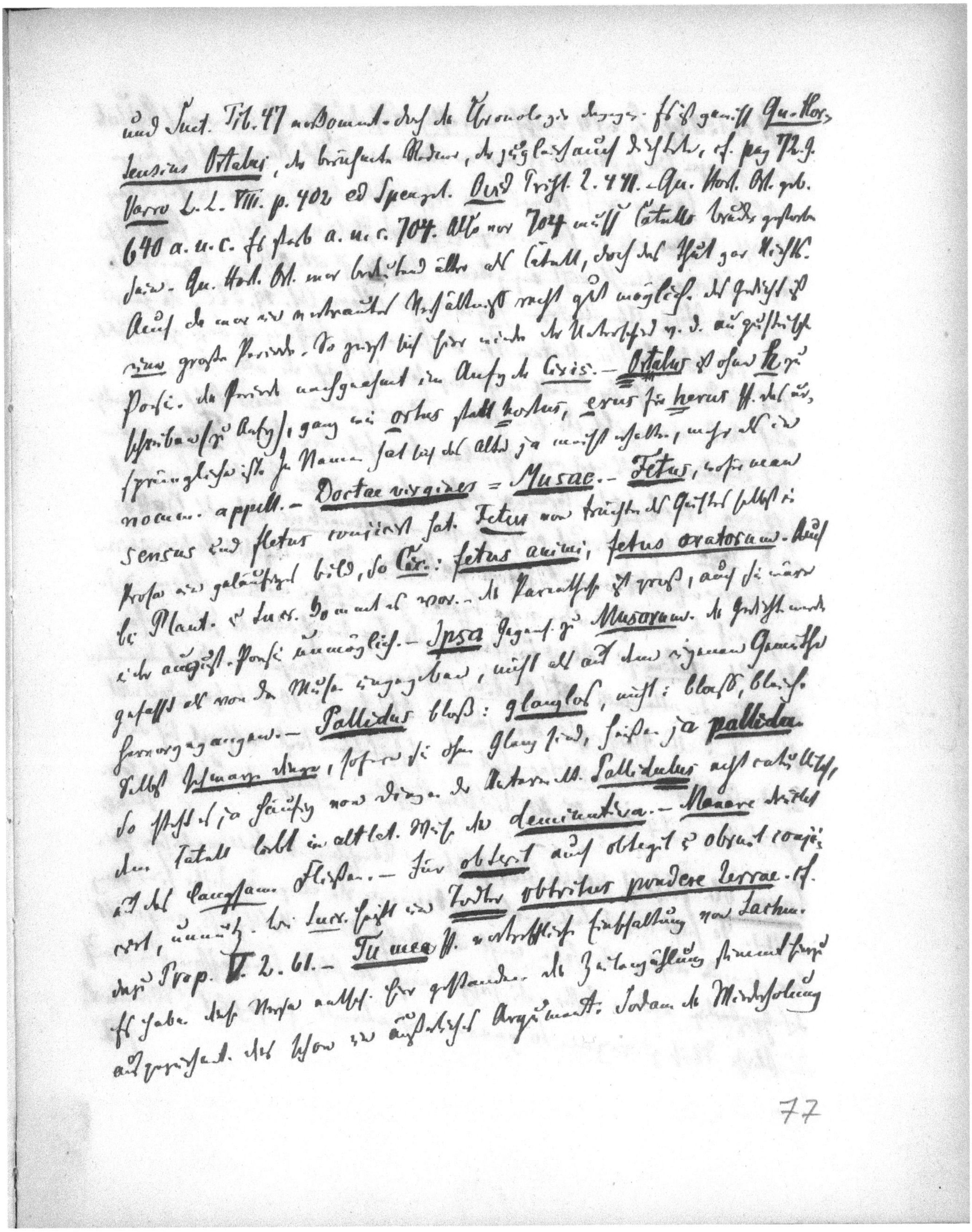

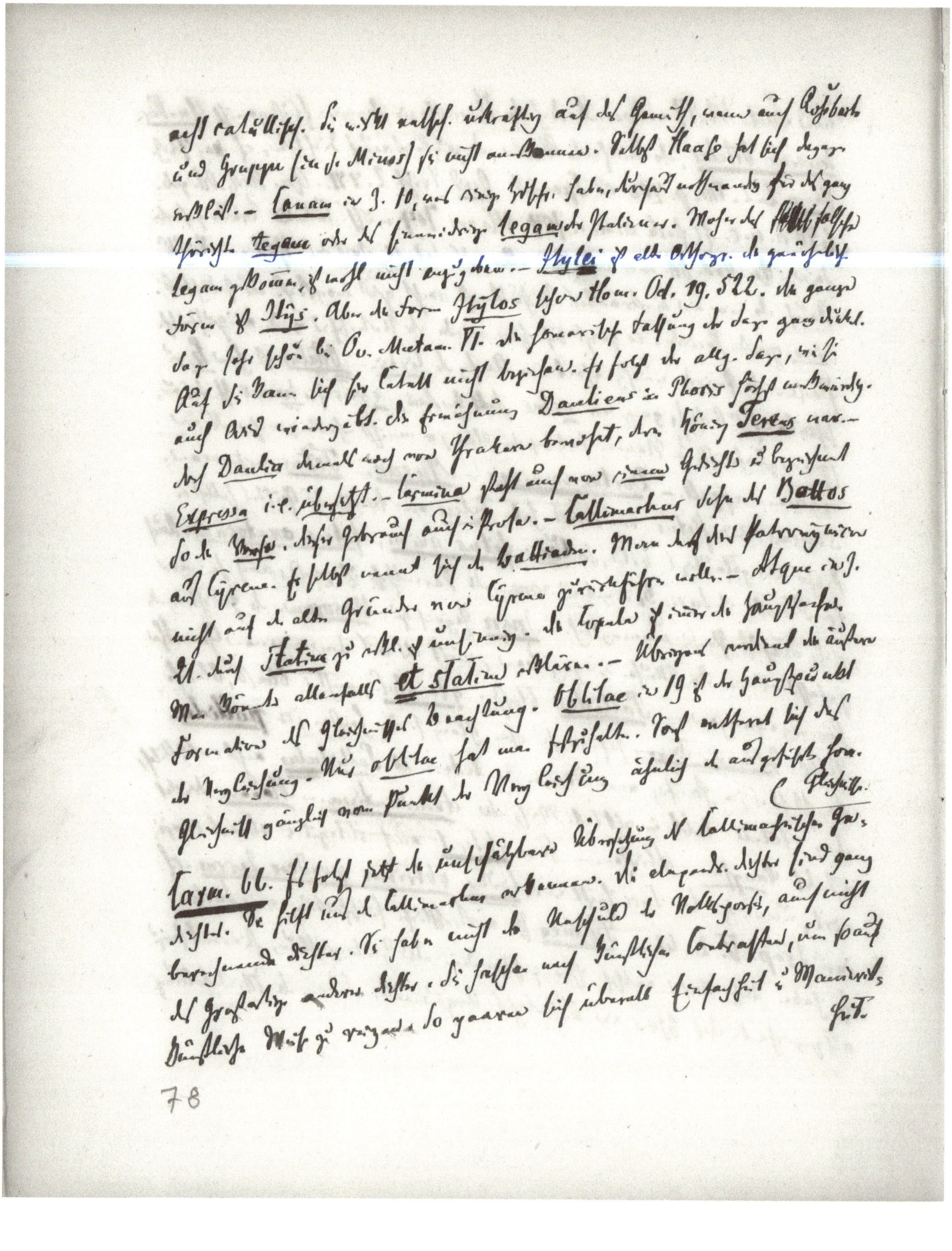

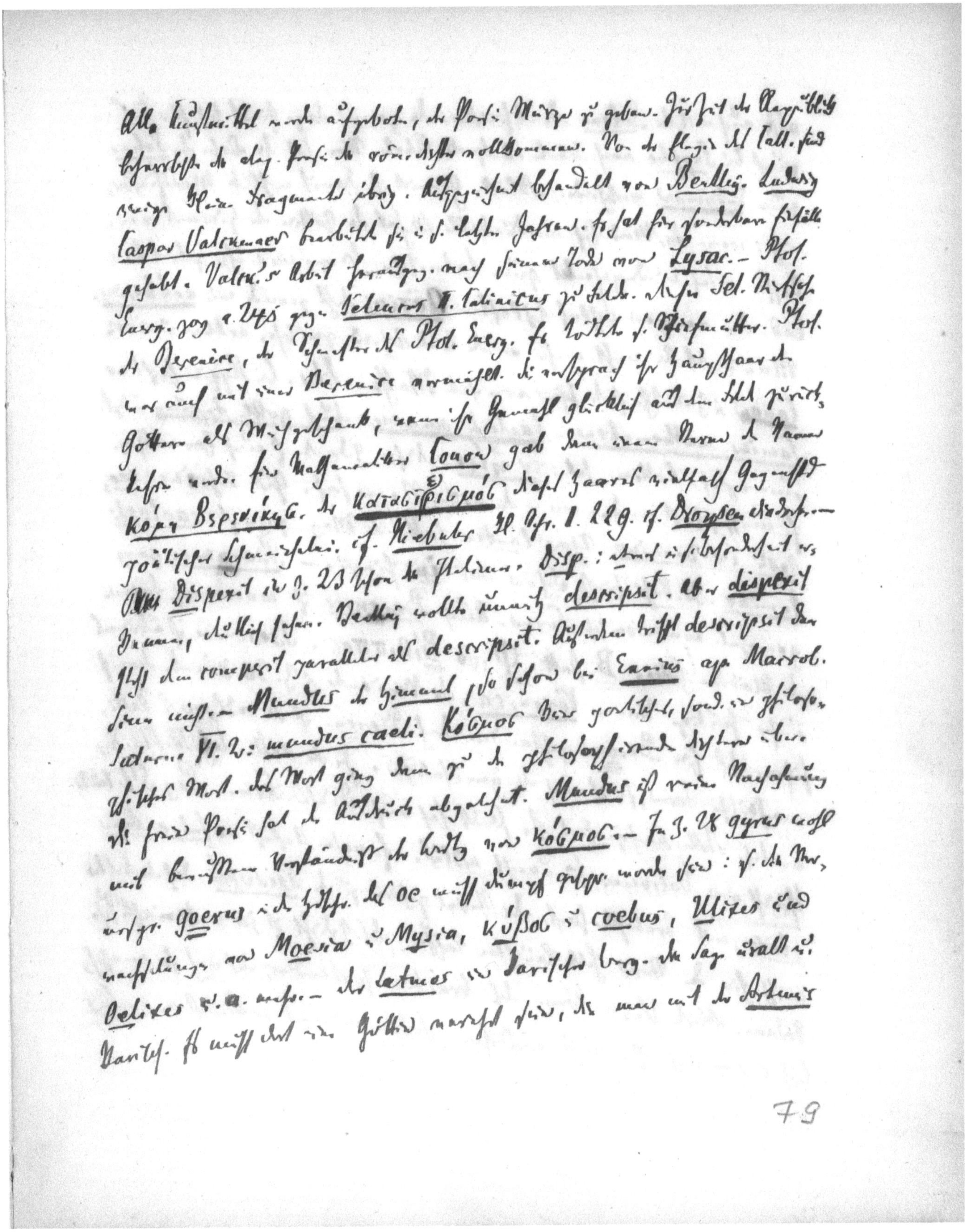

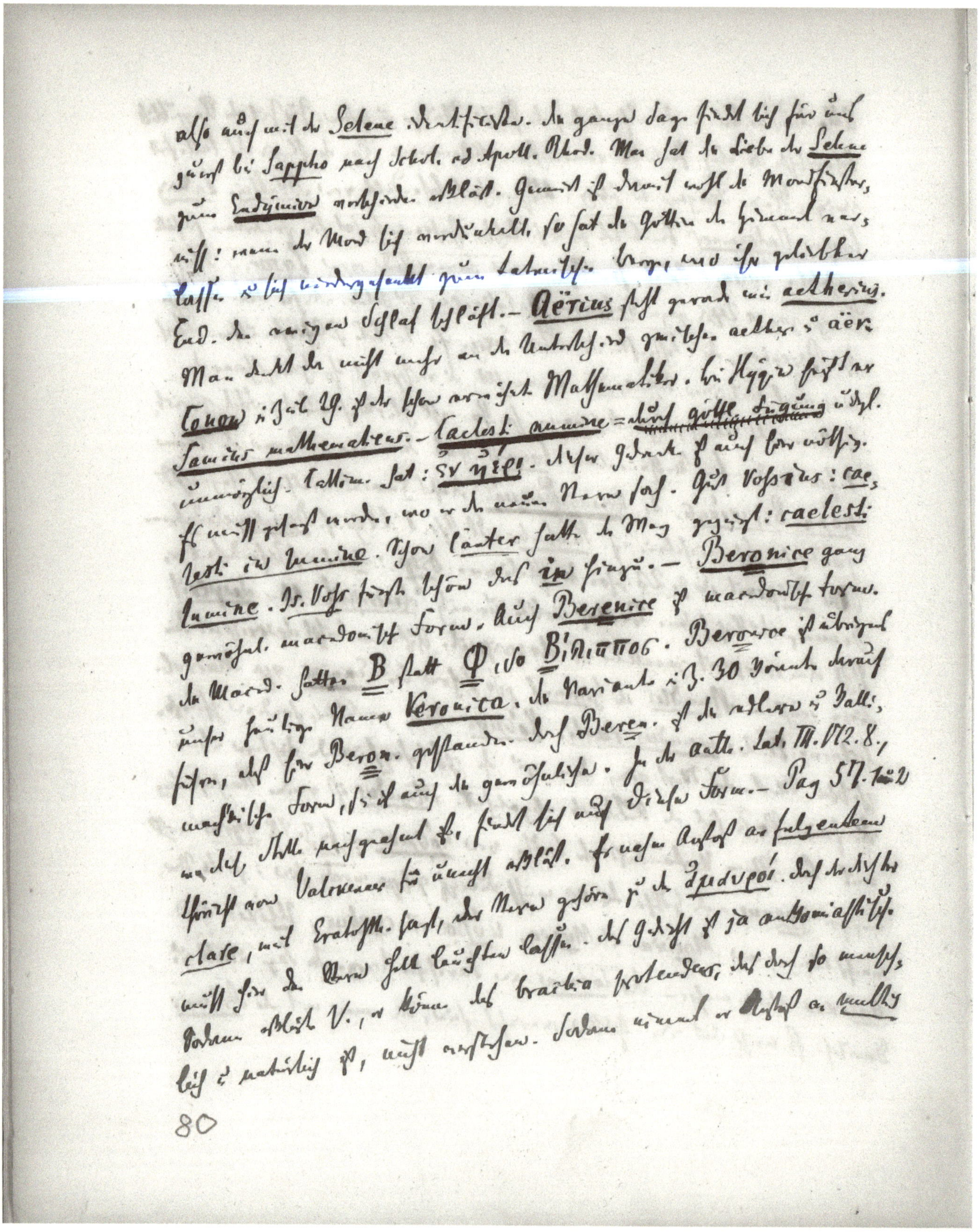

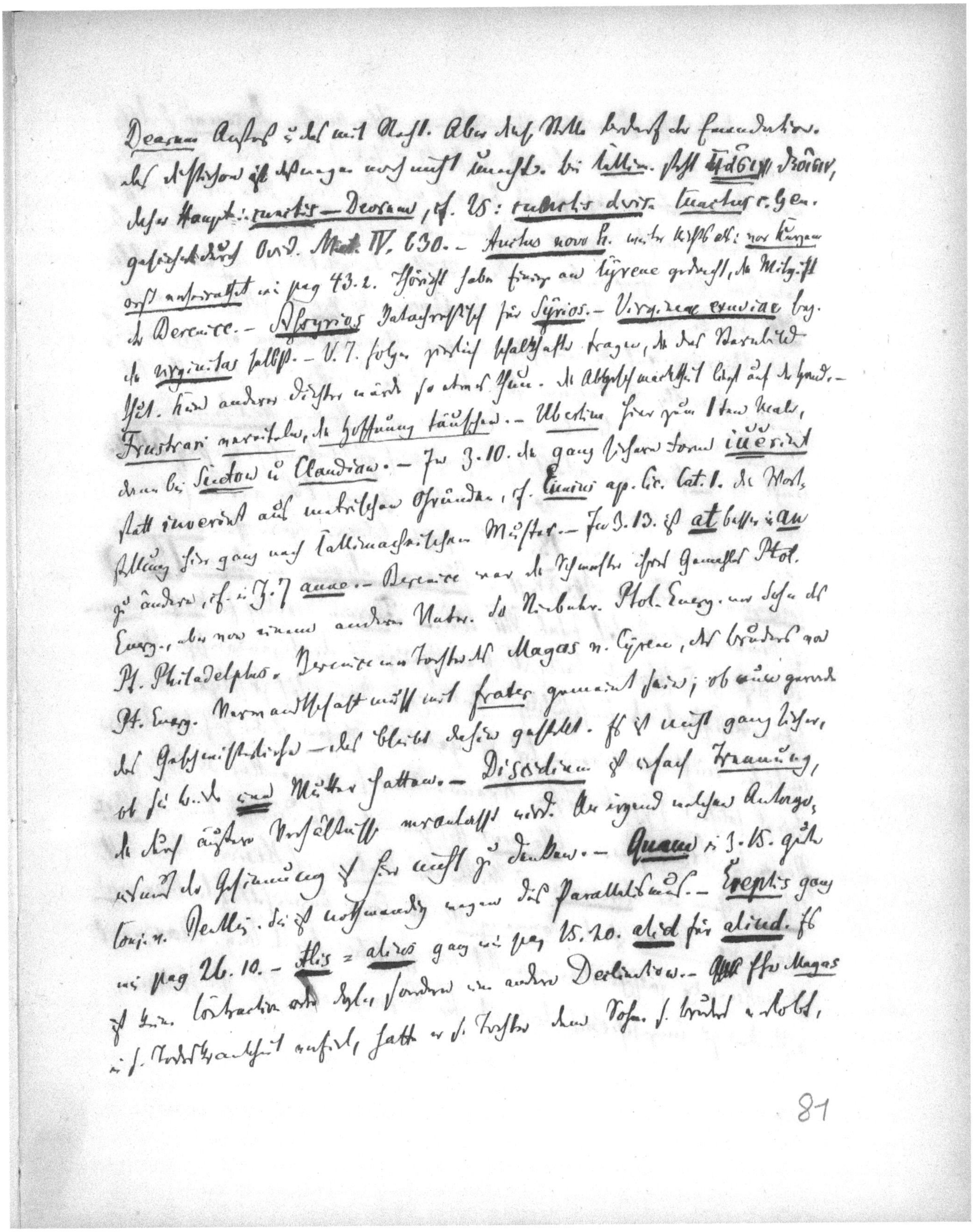

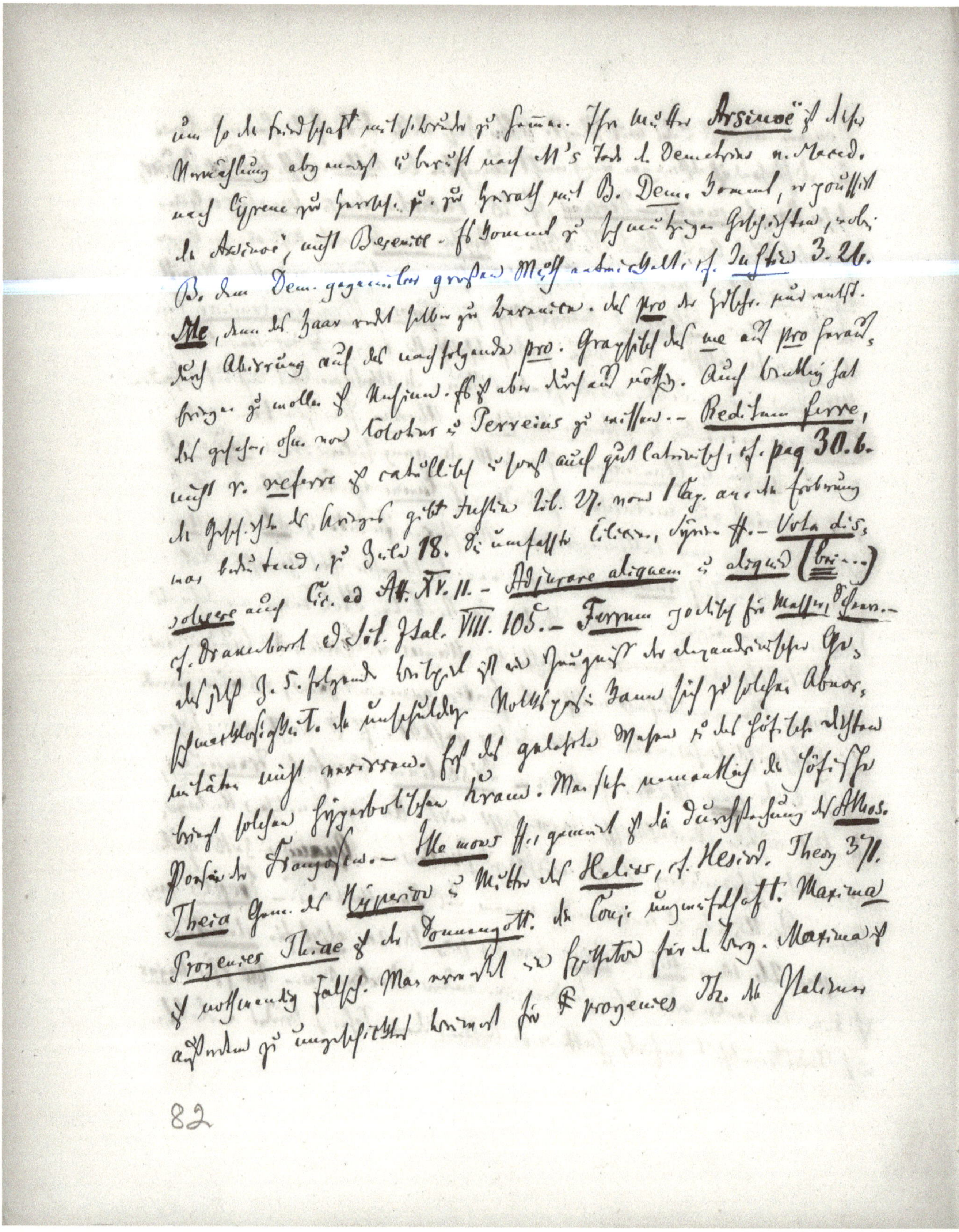

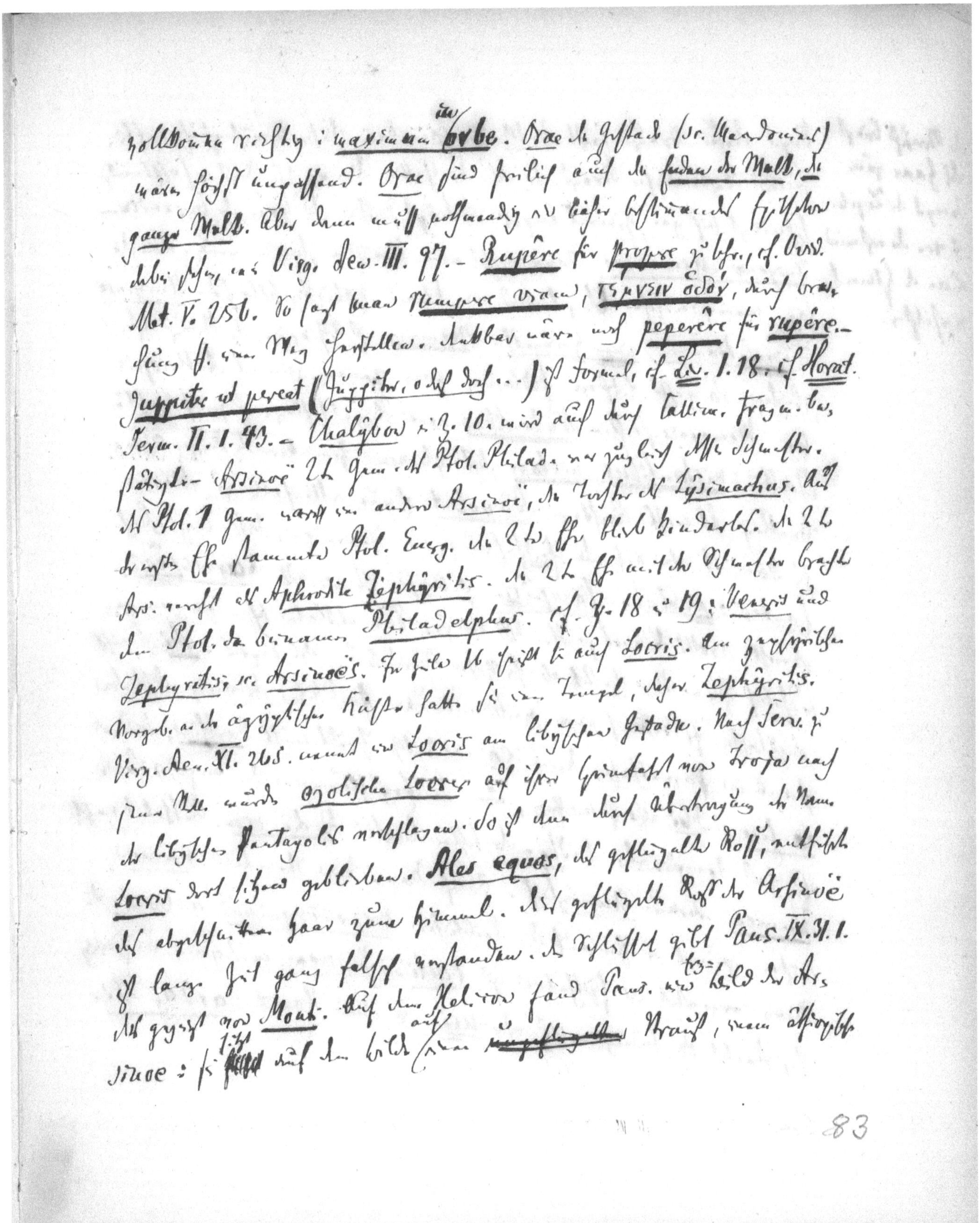

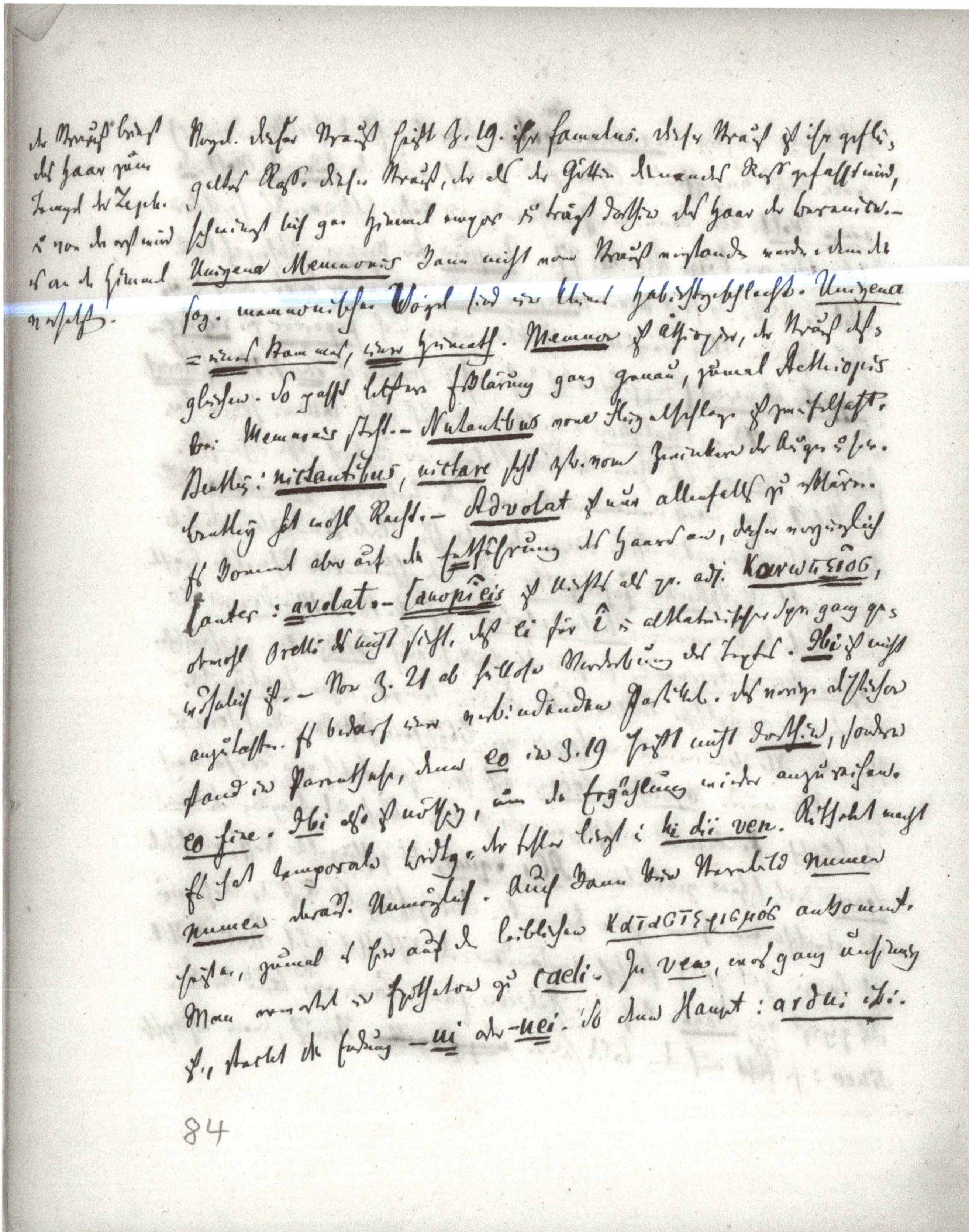

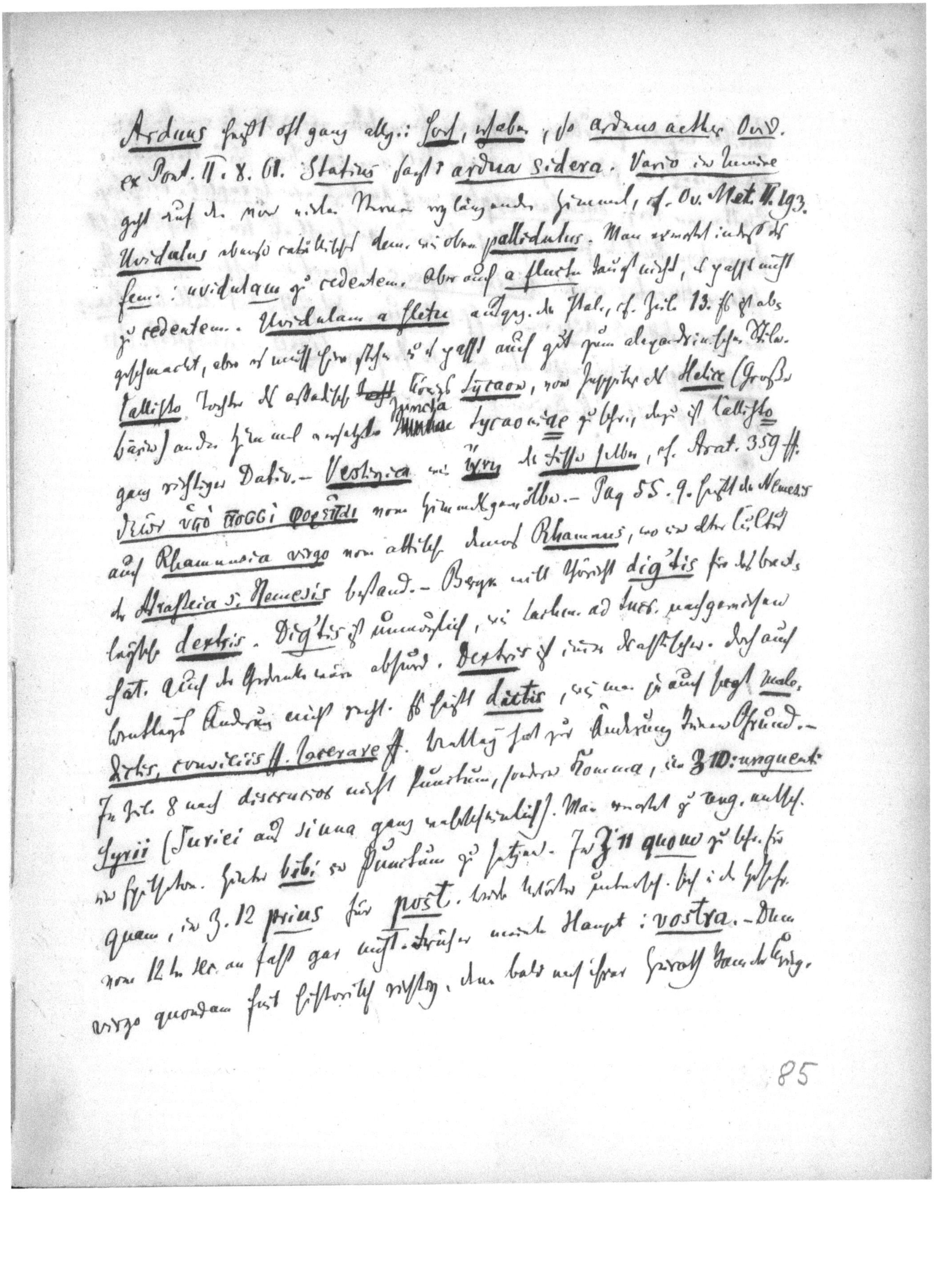

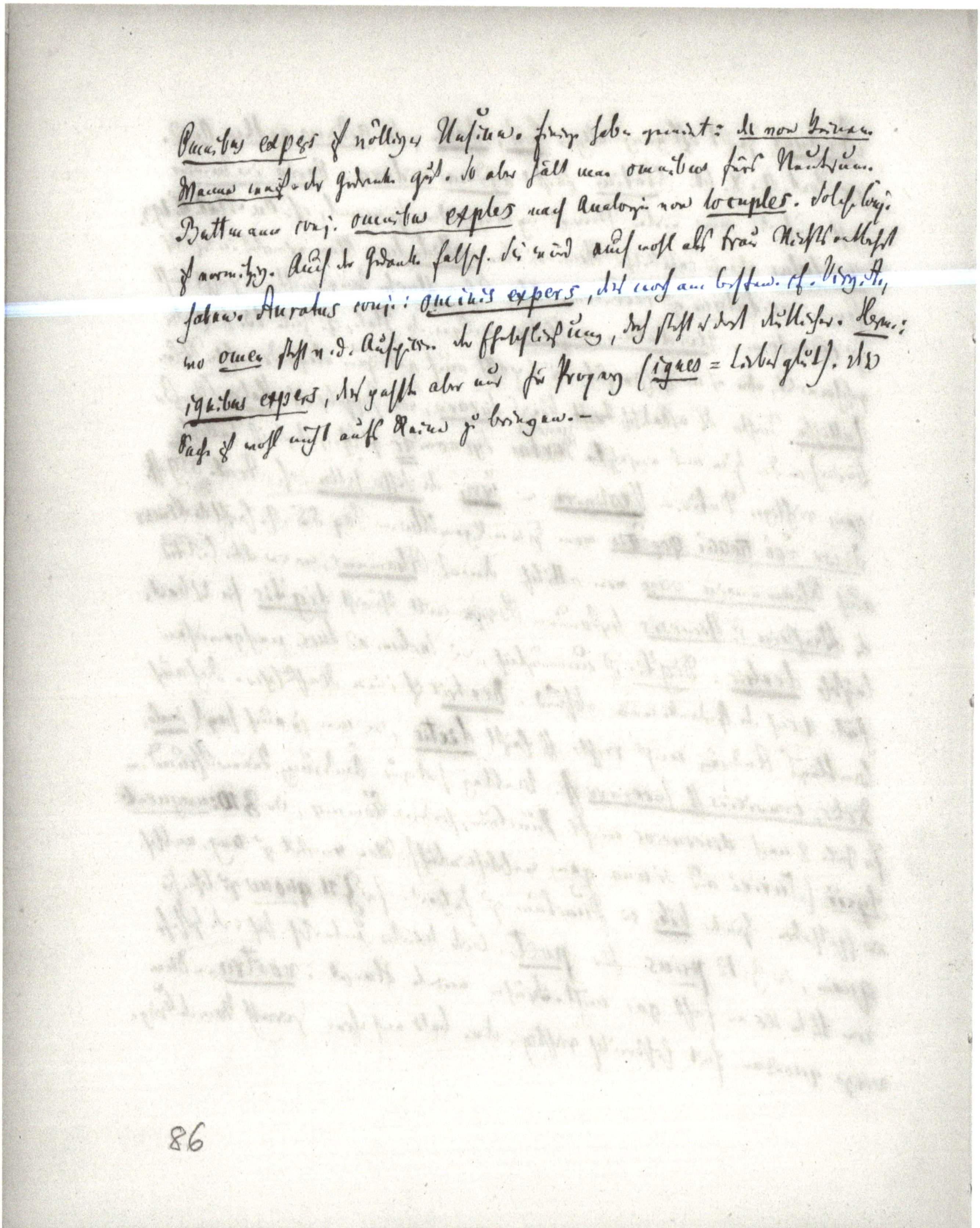

87

Die Seiten 88 und 89 sind nicht beschrieben.

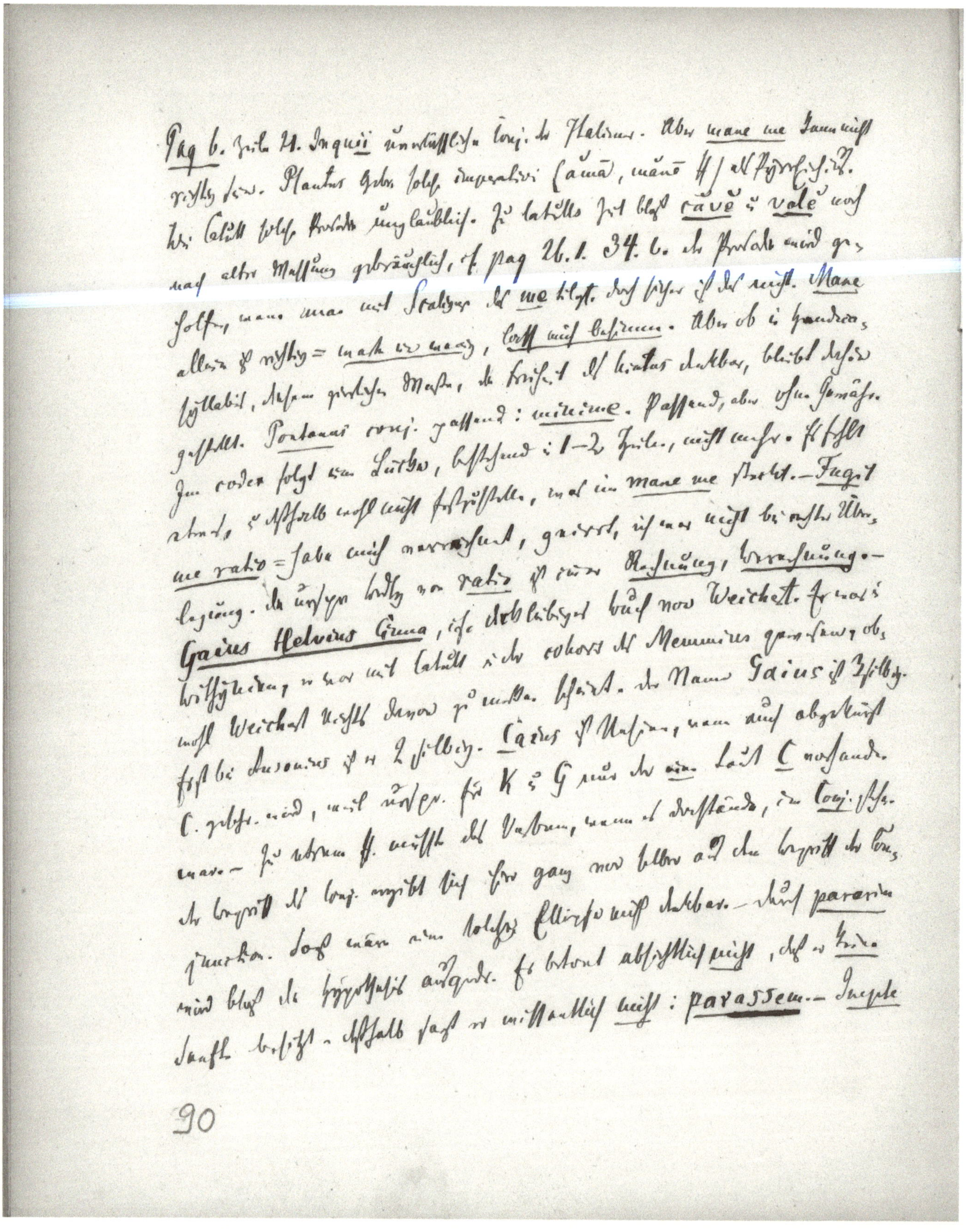

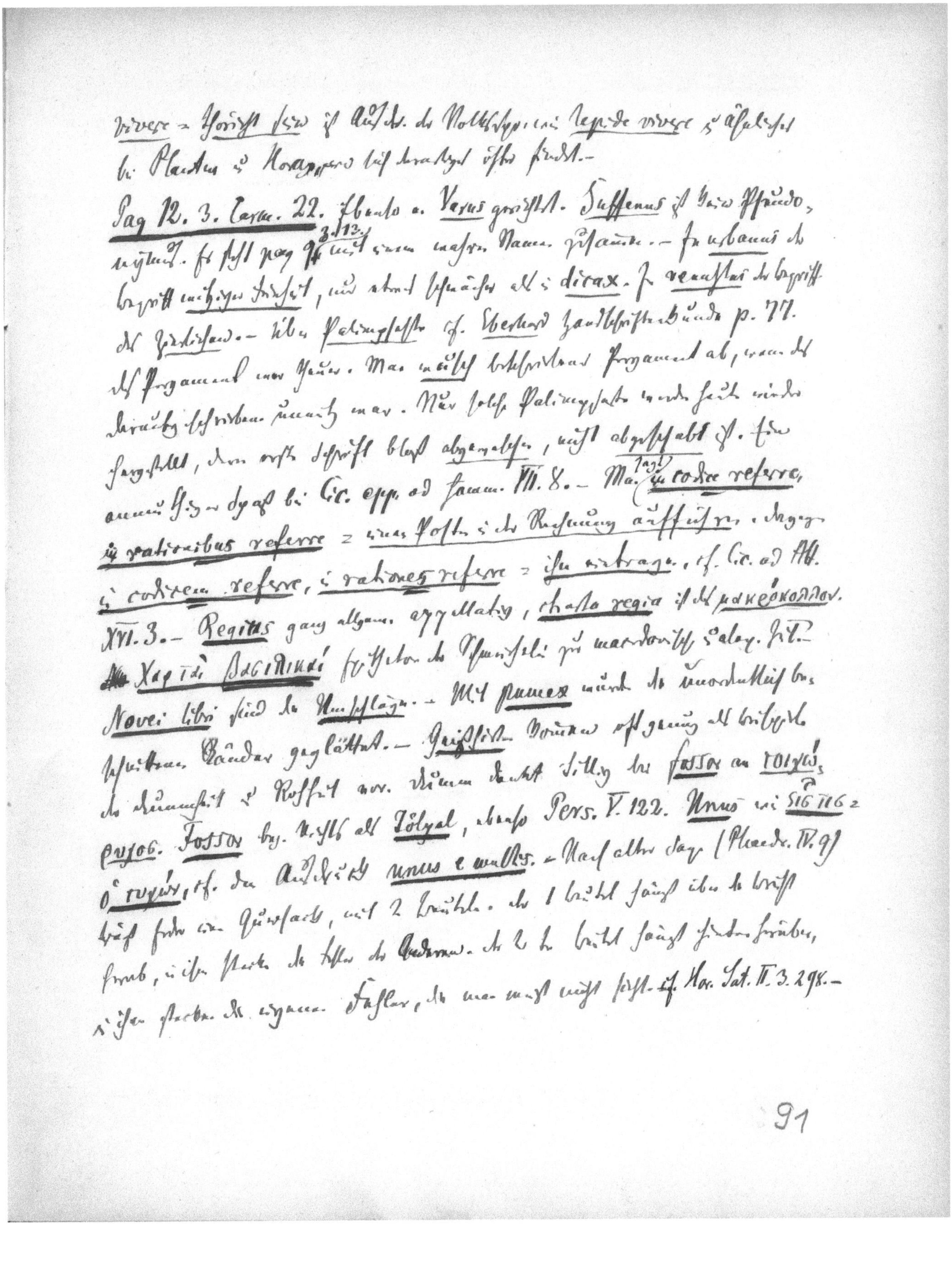

92

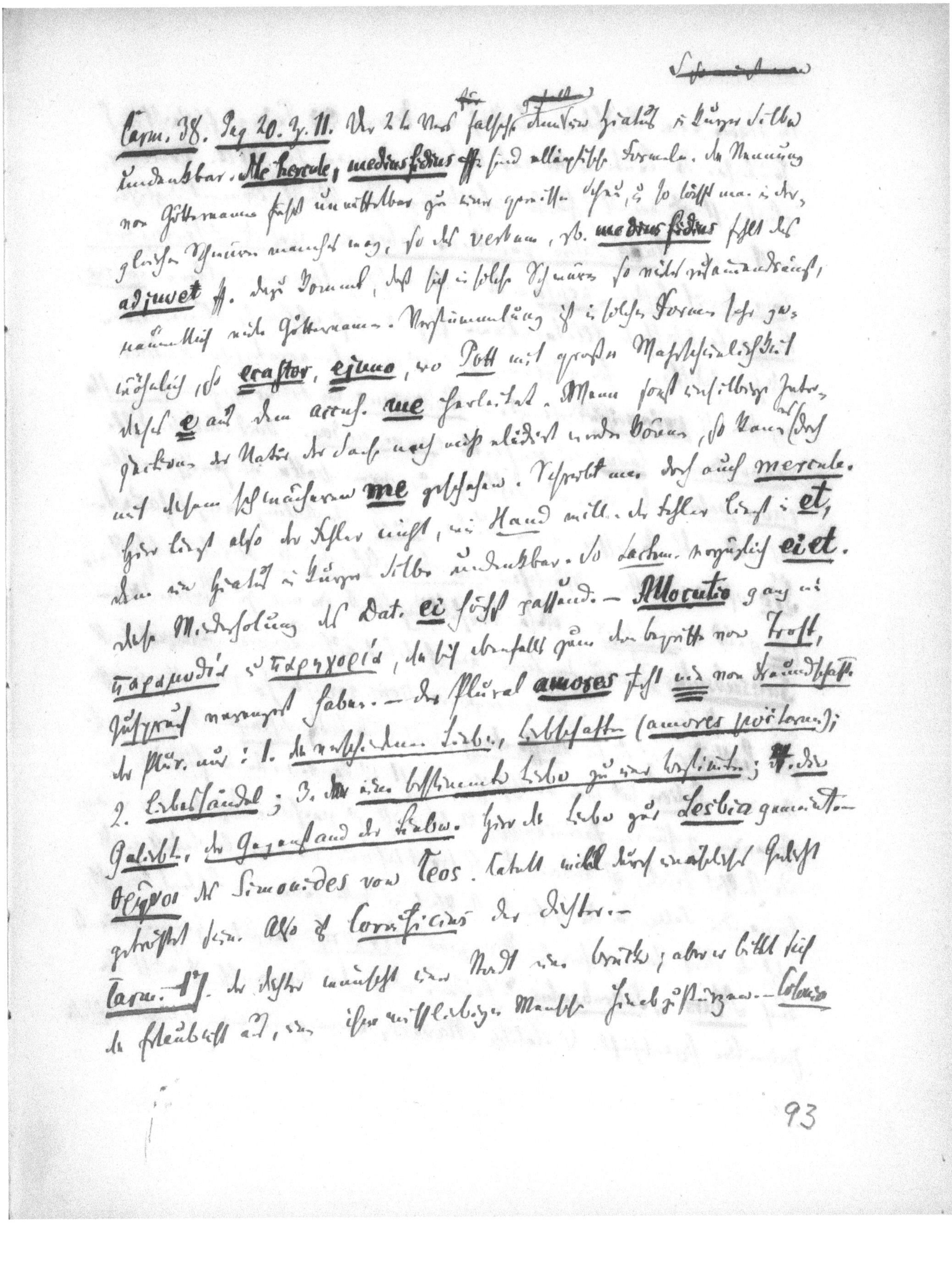

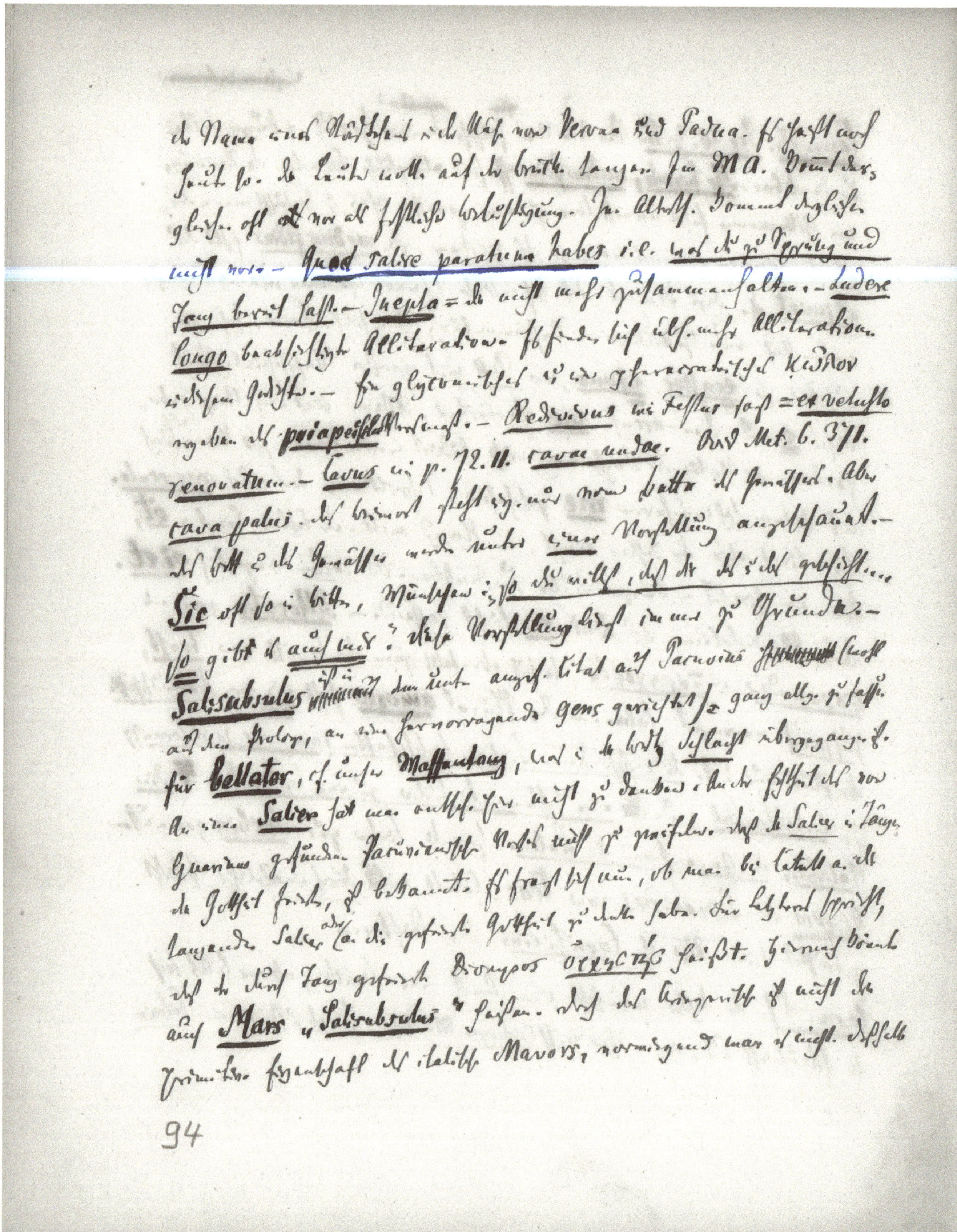

hat man wohl Salisubsalus als die tanzenden Salier zu verstehen. – Municipem also ein Veroneser. Denn Verona war municipium. – Per caputque pedesque natürlich Volksspr. für [illegible], cf. Livii periochae 22. [illegible] gar nicht. Gemeint ist: er soll mit Kopf u. Füßen in d. Sumpf versinken. [illegible] wird d. Sache durch ut [illegible] local ist. – Liuidus bläulichschwärzlich, bleifarbig. – Tremula, [illegible] – Et v. 8. lässt sich selten, sowie nicht auf Altersschwäche zu beziehen. – Et v. 8. [illegible] als ≠ et quidem. Lachmann vermuthet est, u. das würde die Parallele ganz gut sein. Über die Schreibweise haedus u. hoedus cf. Varro V. 99. In Latium hieß das Wort ēdus, in Rom aedus, nach Varro. [illegible], daß man in der Zeit ae sprach, wo man in Latium ē sprach. So verspottet Lucilius den [illegible], indem er einmal prētor sagt. – Nigerrimae uvae – [illegible] i.e. vor Reife, [illegible]. – Se sublevat er rafft sich auf, [illegible] nova: [illegible] daliegen. – Ligurius [illegible]. – Suppernare erkl. Festus, indem er es von perna [illegible] ableitet: [illegible] alle Ansätze [?] abhauen. Die Etymologie gewiß verrückt. [illegible] Maße. Man [illegible] Mallei, [illegible] Bäume [illegible]. – Meus [illegible] municeps. – Ferrea Stupor für stupidus, [illegible] natürlich der [illegible]. [illegible] solea [illegible] Maulthier [illegible] Maul[illegible] [illegible] ὑποδήματα [illegible] Maulthieren [illegible] gab [illegible] Gr. [illegible] –

95

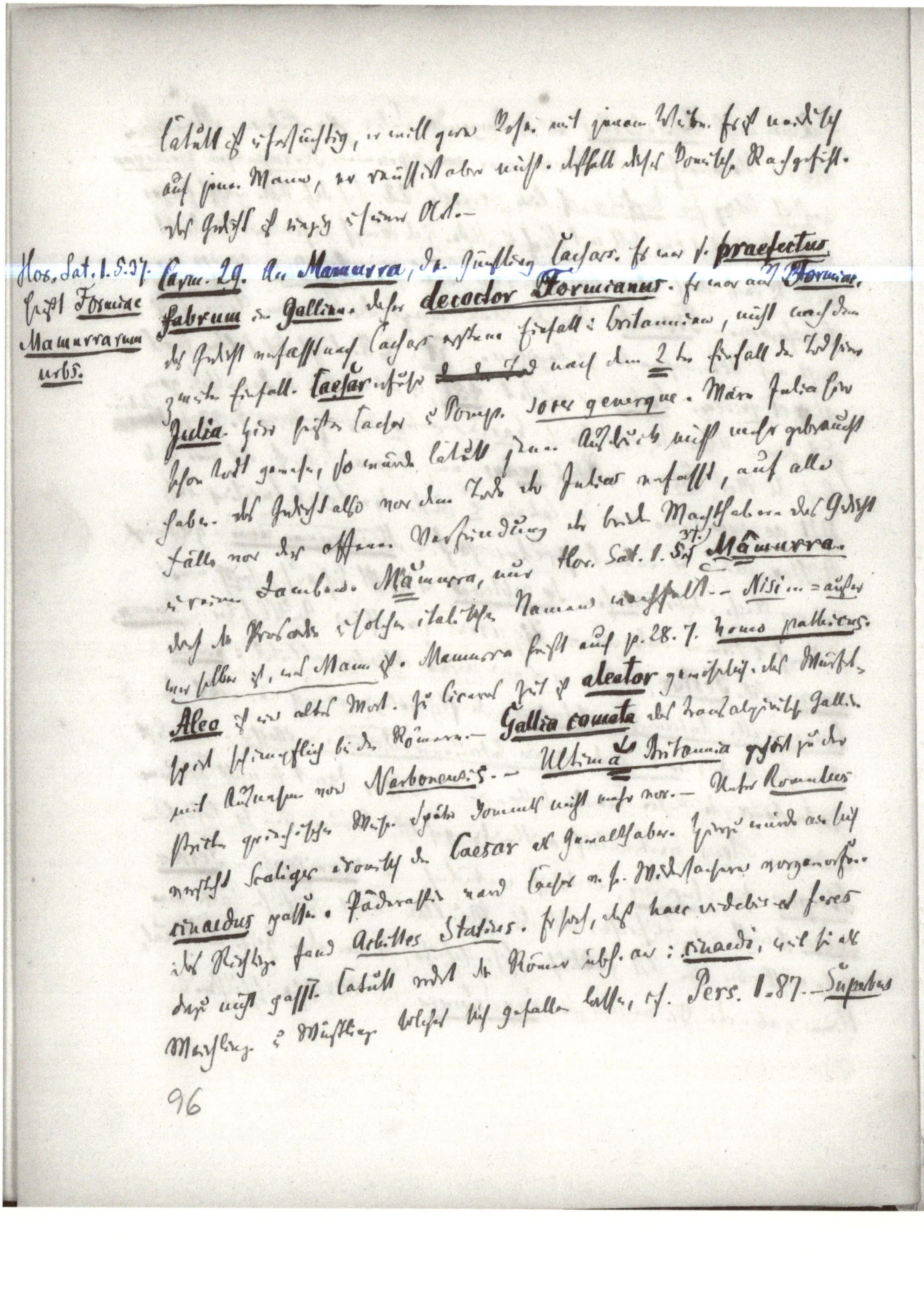

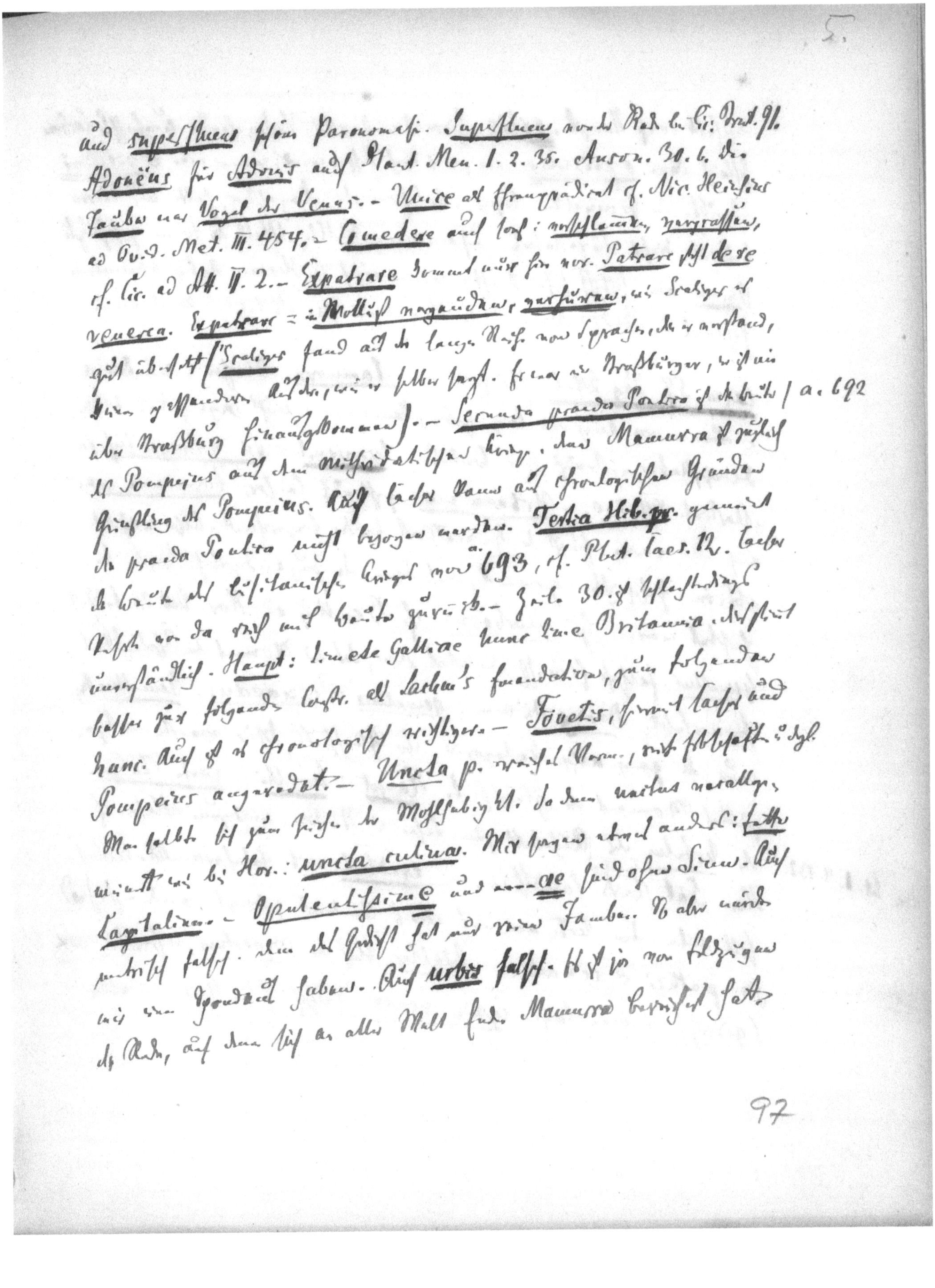

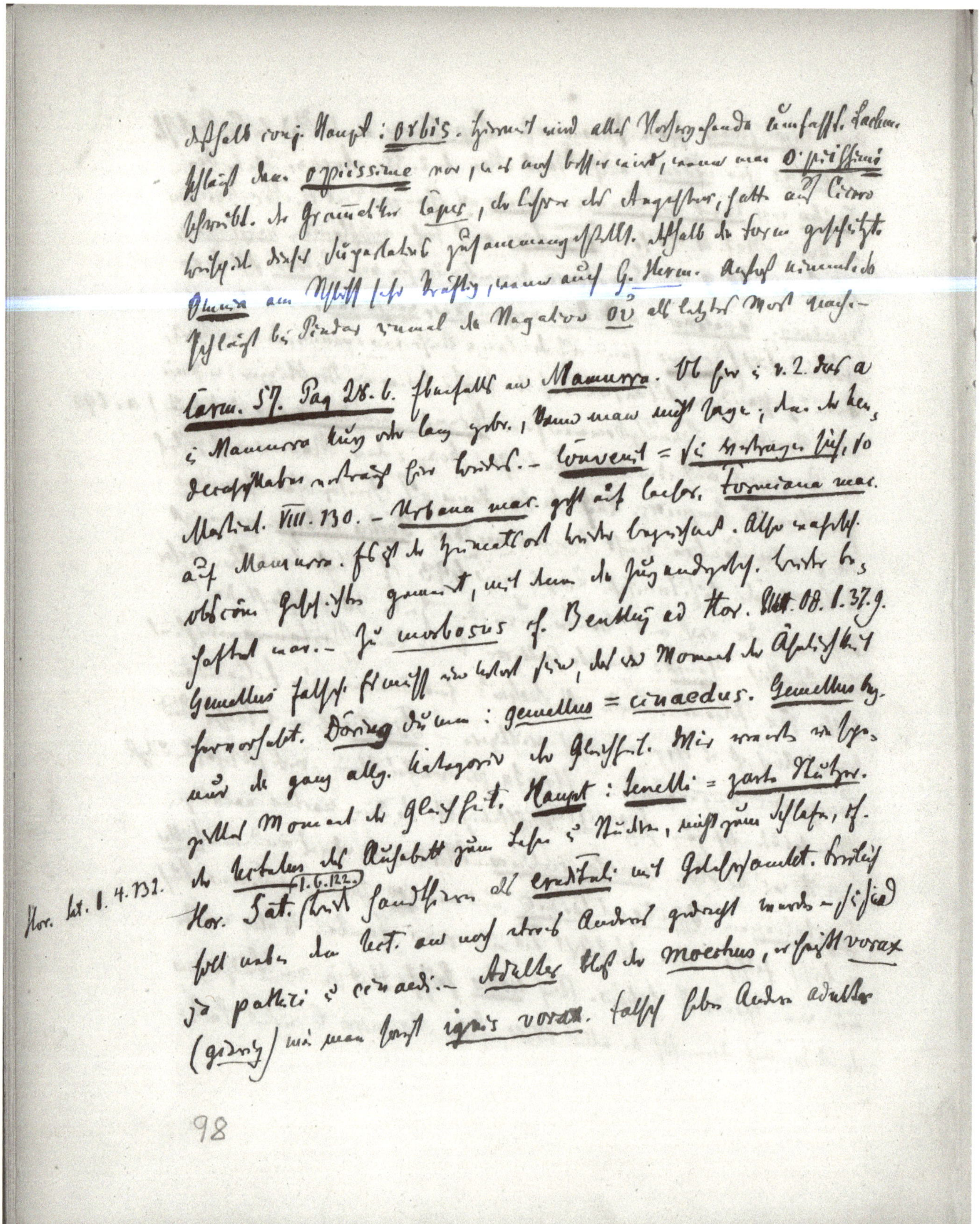

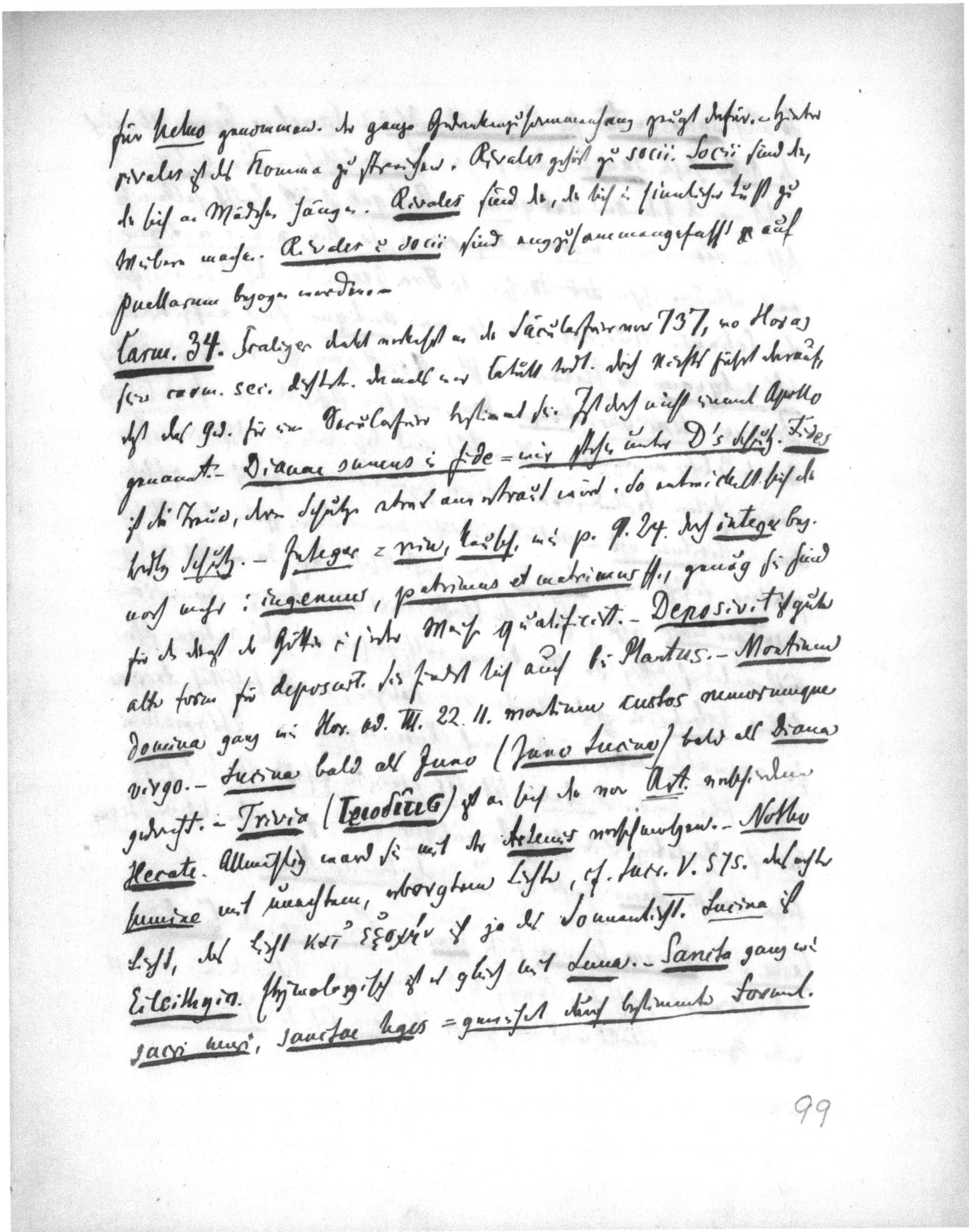

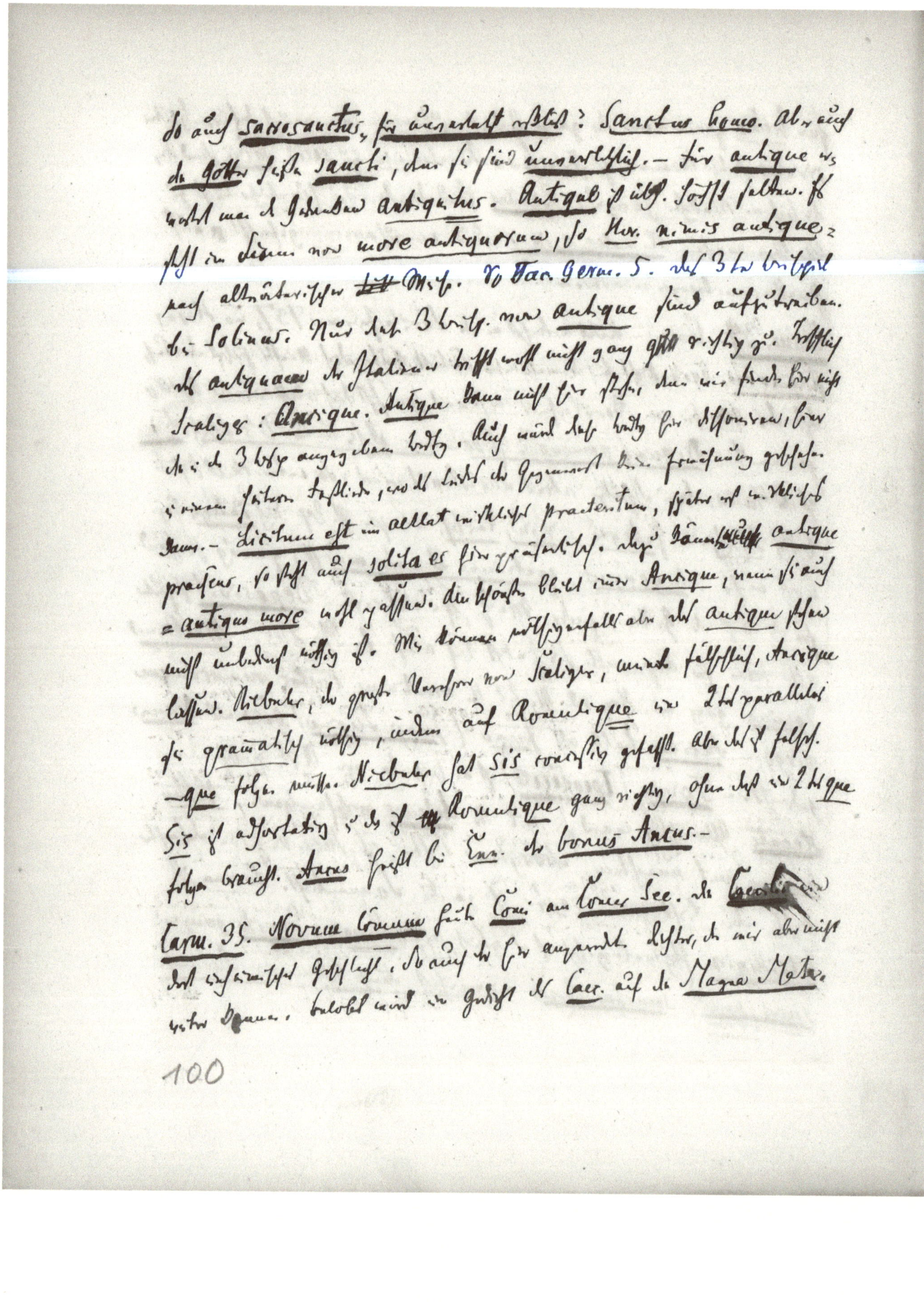

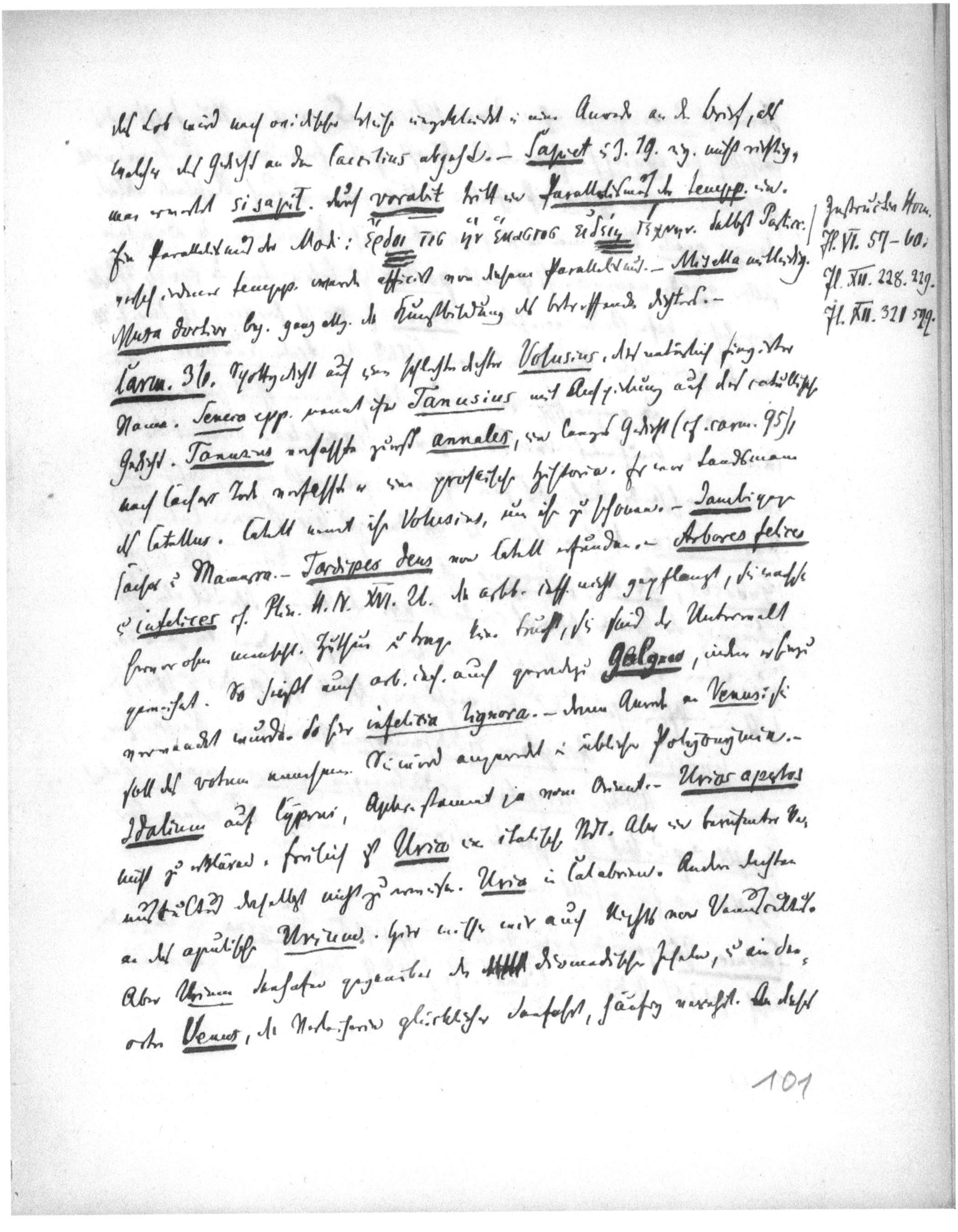

Urkunde zu halten gingen aber. Isaac Vossius: Syrosque. Nur faßt er das fälschlich für assyrisch. Er wandelt also oft gute Emendationen durch unrichtige Erklärungen. Aber apertas ist offenbar falsch, wenn es auch Roßbach erklärt. Campi aperti kann man wohl sagen, aber nicht kann man die Wanderer selber aperti nennen. Es ist wohl portus zu lesen, denn die Schriftsteller Asiatische vorzüglich ? Hafenstädte erwähnt. – Ancon (– na ist Gr. acc.), cf. Juv. 4. 40. wo das picenische Ancona mit einem Tempel der Aphr. [illegible] nachgewiesen wird. Die geographische Verwirrung dieser Namen spricht für Catull. Zu Cnidus ein berühmtes Venusbild ist von Praxiteles. Berühmt ist bei Cnidus ein wachsendes Rohr, das zum Schreiben gebraucht wird, daher Cnidus harundinosa. Die Schreibung des Cnidus zu Gn. ist eine lateinische: Gnossos, Gnidus, Progne ff. Die Lateiner konnten cn nicht ertragen. Die Griechen schreiben constant KN. Die Römer schrieben aber Gn auch, wenn ein langer Vocal folgt. Bei nachfolgendem kurzem Vocal tritt eine Umwandlung des Cn nicht ein, deshalb ist Cnidus zu schreiben, gegen Gnossus. – Acceptam redditumque. Ist ein term. Rechnungsfor- gewöhnlicher Ausdr.: acceptum redditumque facere = nachw. daß etwas bezahlt u. quittirt ist. Für den Sinn: [illegible] für bezahlt i.e. für erfüllt an. –

Carmen 95. gegen denselben Volusius gerichtet. Smyrna ein alexandrinisch gelehrtes Gedicht des Cinna. Er hatte 9 Jahre daran gearbeitet.

102

An diese Stelle hat wohl Horaz gedacht mit seinem nonum prematur in annum.–
Hortensius ist der Redner, der zugleich Dichter war. Sein Werk ist ausgefallen. Wirklich
sagt er: Stans pede in uno [illegible]. – Tzetzes ad Lycophr.
sagt, Satrachus sei [illegible] Fluß auf Cypros. Dasselbe bezeugt Nonnus. Auch
im Etym. Magn. 17. 33. [illegible]. Der Sinn ist: das Werk Zmyrna
wird weithin wandern, [illegible] die Gegenstellung des [illegible]
Padua [illegible]. Polyb. II. 16: der Padus theilt sich in 2 Mündungen, deren
eine Πάδόα heißt, und das ist wohl die mit [illegible] angefüllte Form
Padua. – So sind die beiden Namen Satrachus u. Padua [illegible].
Martial IV. 87. hat die Stelle (d. Schrift) nachgeahmt.–
Carm. 9. An Veranius und Fabullus, die meist zusammengenannt werden.
[illegible] die Rückkunft des Plotius Numida feiert.
Ähnlich Horaz in der Od., wo er [illegible] Unterschied beider Dichter sehen.
An ihrer Vergleichung kann man den [illegible] natürlicher Freudenruf. – Antistans
Das ganze Gedichtchen ist ein schöner u. natürlicher [illegible] – Antistans
richtige Emendation der Italiener für antistas, was natürlich ein Schreib-
fehler war. – [illegible] für [illegible], wie man sagt: jemanden
[illegible] vorauszusehen. Es steht aber e [illegible], dasselbe ist zu [illegible]:
[illegible] als [illegible]. – Nuntius
[illegible] mir nur Alles mehr noch als [illegible]
ist adj., daher der Gen. nunti-i, nicht nunti.
Carm. 12. An den Bruder des Asinius Pollio, Asinius Marrucinus. Über
As. Pollio vorzüglich Thorbeke de Caio Asinio Pollione Leyden 1820.
As. Pollio war ein [illegible] Kunstrichter, er muß ein Urtheil über Catull gefällt

103

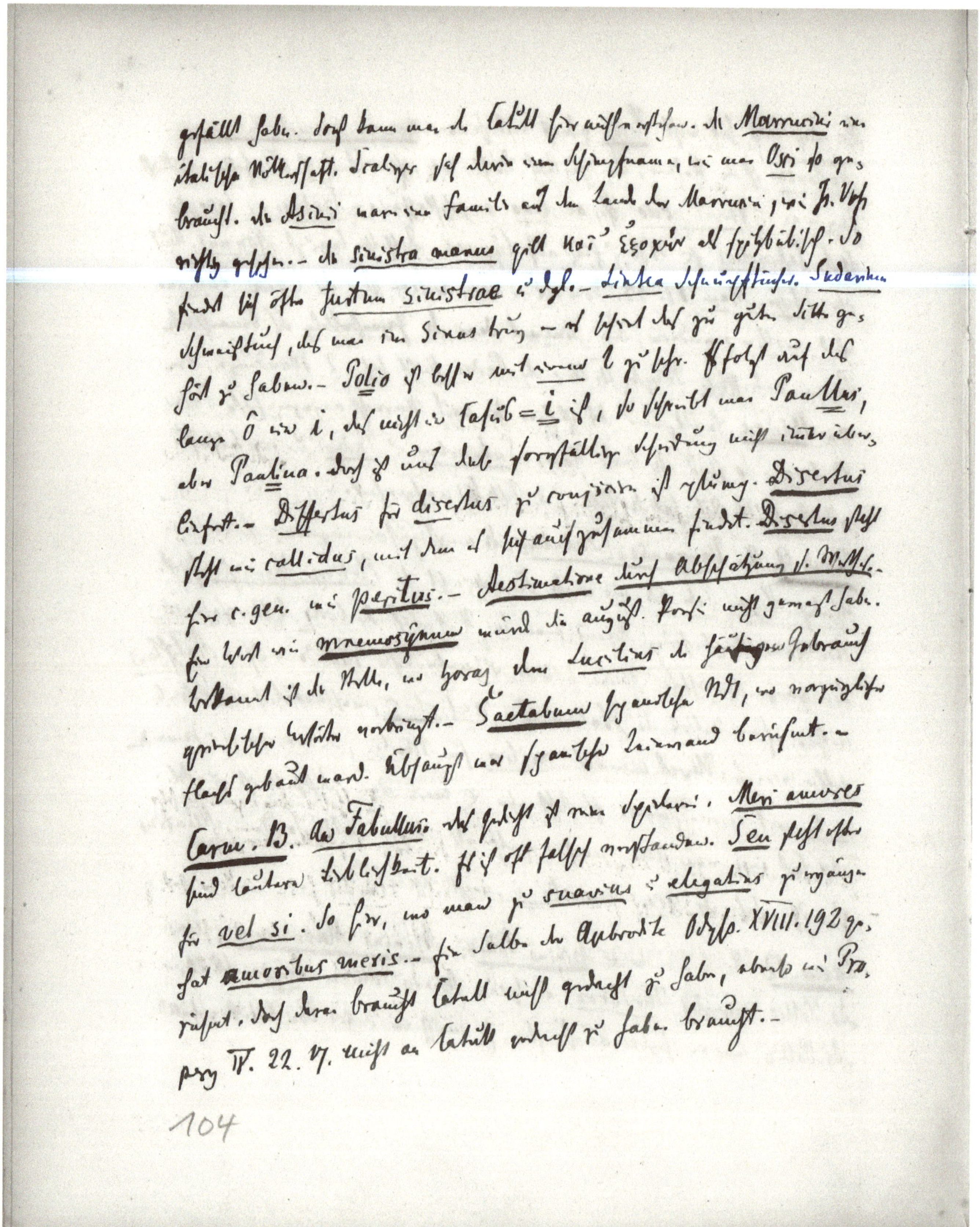

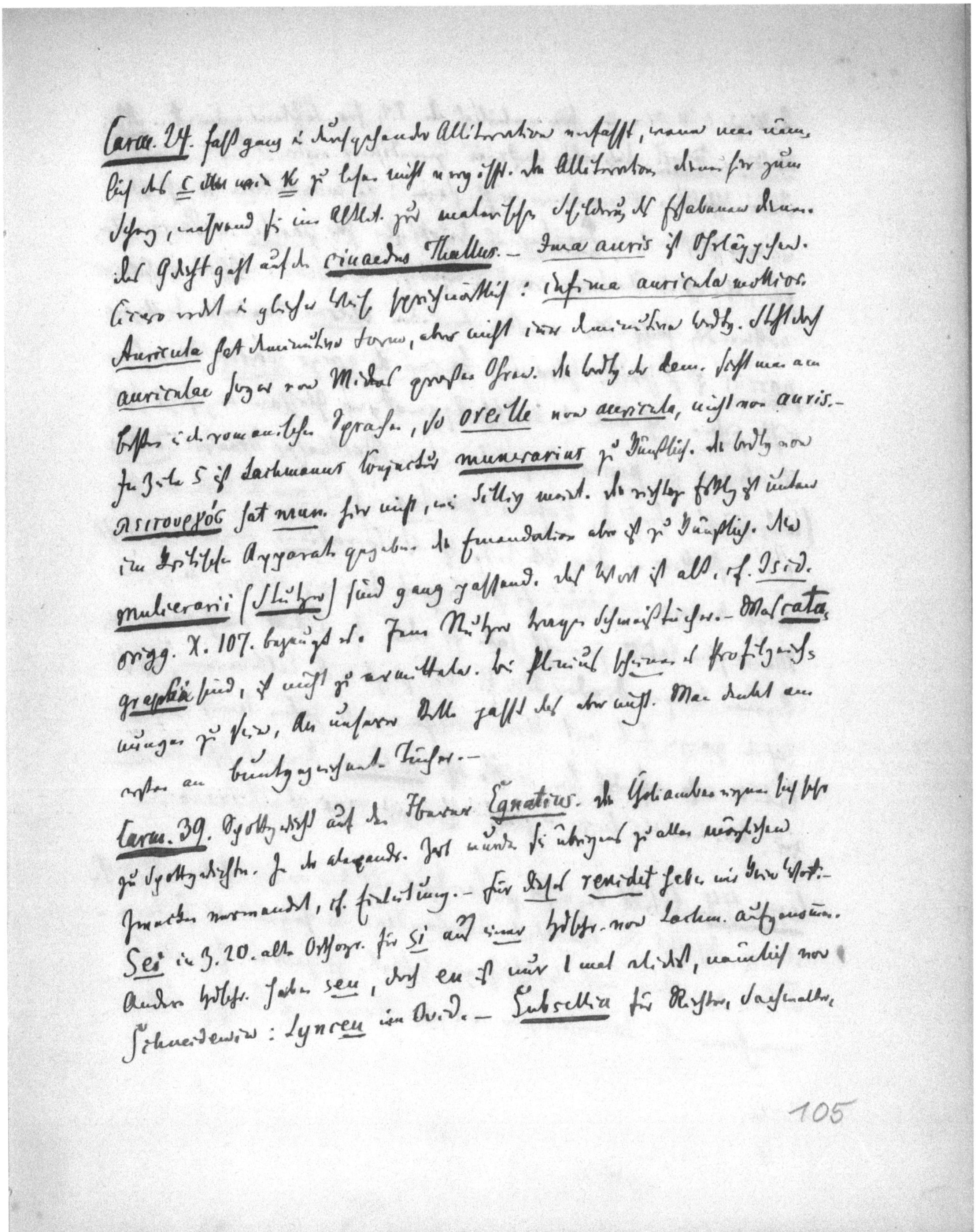

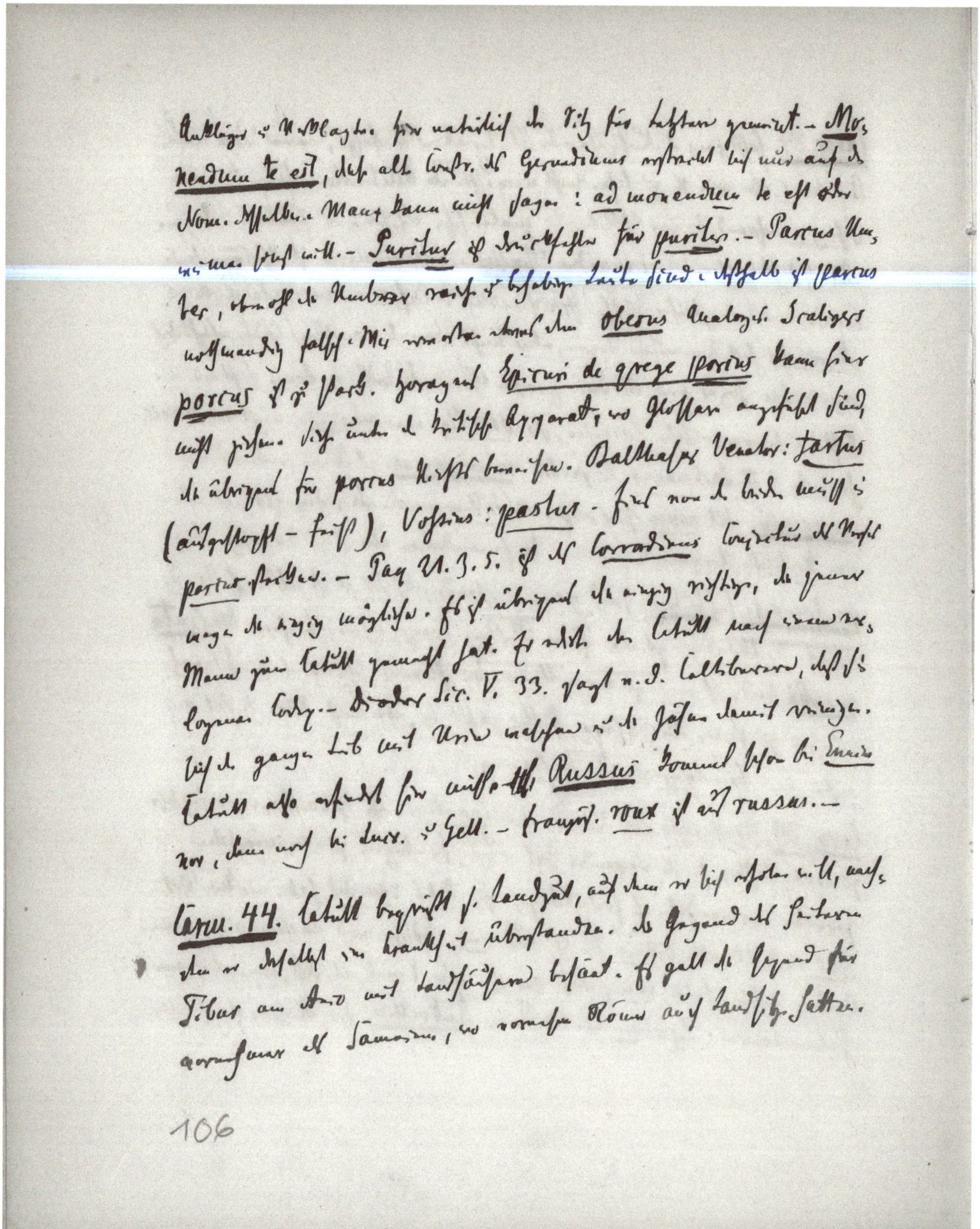

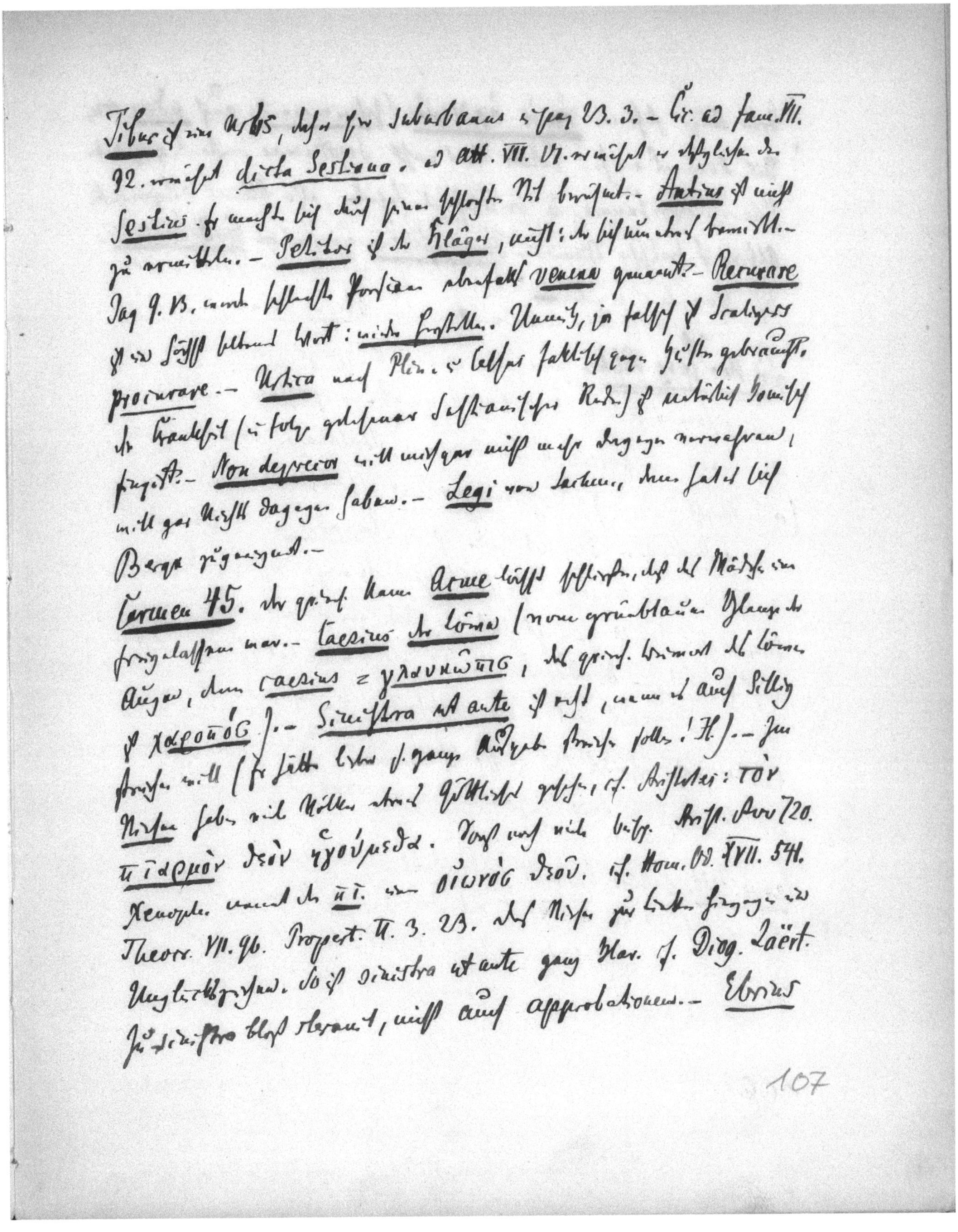

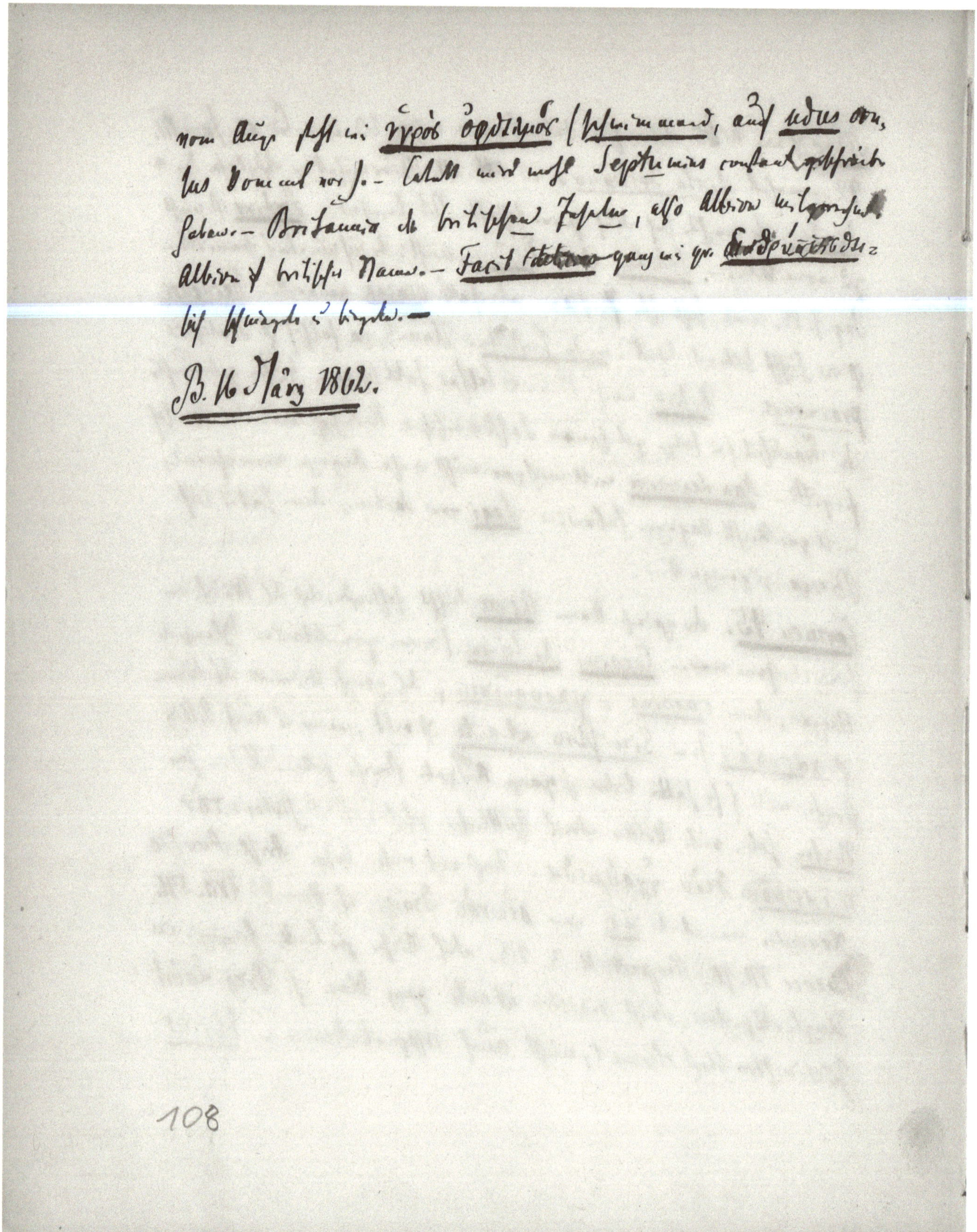
B. 16 März 1862.

108

Die Seiten 109 bis 121 sind nicht beschrieben.

Bibliographie

Asper, Markus: Kallimachos, Werke. Griechisch und deutsch. Herausgegeben und übersetzt von Markus Asper (Darmstadt 2004).

Baehrens, Emil: Catulli Veronensis liber. Recensuit et interpretatus est Aemilius Baehrens (Lipsiae 1886).

Baehrens, W[illem] A[dolf]: Sprachlicher Kommentar zur vulgärlateinischen Appendix Probi (Halle/Saale 1922).

Bardon, Henry: Catulli Veronensis carmina iterum edidit Henricus Bardon (Stutgardiae 1973).

Barrett, Anthony A.: Catullus 66.1: *Dispexit* or *despexit*?, in: Rheinisches Museum 125 (1982) 135–137.

Becker, Carl: Haupt, Rudolph Friedrich Moriz, in: Neue Deutsche Biographie, Band 6 (1969) 101–102.

Belger, Christian: Moriz Haupt als academischer Lehrer. Mit Bemerkungen Haupts zu Homer, den Tragikern, Theokrit, Plautus, Catull, Properz, Horaz, Tacitus, Wolfram von Eschenbach, und einer Biographischen Einleitung (Berlin 1879).

Bentley, Richard: Animadversiones in nonnulla hymnorum Callimachi loca, in: Graevius (1697).

Blatt, Franz: Art. *gyrus*, in: Thesaurus Linguae Latinae vol. 6/2 (1925–1935) Sp. 2386–2388.

Canter, Willem (Wilhelm): Gulielmi Canteri Ultraiectini Novarum lectionum libri quatuor. In quibus, praeter uariorum autorum, tam Graecorum quam Latinorum, explicationes & emendationes: Athenaei, Gellij, & aliorum fragmenta quaedam nunc primum in lucem proferuntur. Accessit rerum & uerborum in his memorabilium, item Scriptorum, quorum loci explicantur, emendantur, uel augentur, geminus Index (Basileae 1564).

Canter, Willem (Wilhelm): Gulielmi Canteri Ultraiectini Novarum lectionum libri quatuor: In quibus, praeter uariorum autorum, tam Graecorum quam Latinorum, explicationes & emendationes: Athenaei, Agellij, & aliorum fragmenta quaedam in lucem proferuntur. Acceßit rerum & uerborum in his memorabilium, item Scriptorum, quorum loci explicantur, emendantur, uel augentur, geminus Index. Editio secunda, tribus libris aucta (Basileae 1566).

Courtney, Edward: Three Poems of Catullus, in: Bulletin of the Institute of Classical Studies 32 (1985) 85–100.

Deufert, Marcus: „Ad Recensionem Iudicium adhibendum est". Lachmanns Lukrez und die ‚Lachmannsche Methode', in: Lachmanns Erbe. Editionsmethoden in klassischer Philologie und germanistischer Mediävistik. Herausgegeben von Anna Kathrin Bleuler und Oliver Primavesi [Beiheft zur Zeitschrift für Deutsche Philologie, Band 19] (Berlin 2022) 265–302.

Deufert, Marcus: From Stephanus to Stephanus 2.0? Collections and interpretations of the fragments of Roman poetry in the past, present and future, in: Materiali e discussioni per l'analisi dei testi classici 91 (2023) 25–84.

Döpp, Siegmar: Catull c. 68,41–50 und die Frage der Gedichteinheit, in: Museum Helveticum 60 (2003) 161–164.

Döpp, Siegmar: Munera et Musarum et Veneris: Catull c. 68 in der Entwicklungsgeschichte der römischen Elegie, in: Studia Catulliana in memoriam Stephani Caroli Horvath (1931–1966). Hoc volumen redegit Ibolya Tar adiuvante Péter Mayer [Acta Universitatis Szegediensis: Acta antiqua et archaeologica 29] (Szeged 2005) 5–19.

Droysen, Gustav: Geschichte der Nachfolger Alexanders (Hamburg 1836); *der Text wurde später, überarbeitet, unter dem Titel* Geschichte des Hellenismus. Von Joh. Gust. Droysen. Zweiter Theil. Geschichte der Diadochen. Zweite Auflage (Gotha 1878) *gedruckt.*

Du Quesnay, Ian: Catulli Carmina, in: The Cambridge Companion to Catullus. Edited by Ian Du Quesnay and Tony Woodman (Cambridge 2021) 167–218.

Ellis, Robinson: A Commentary on Catullus (Oxford ^{2}1889).

Fiesoli, Giovanni: La genesi del lachmannismo [Millennio Medievale 19, Studi 5] (Firenze 2000).

Geus, Klaus / Kost, Karlheinz: Eratosthenes, in: Lexikon des Hellenismus. Herausgegeben von

Hatto H. Schmitt und Ernst Vogt (Wiesbaden 2005) Sp. 297–305.

Gibson, Bruce: Catullan Themes, in: The Cambridge Companion to Catullus. Edited by Ian Du Quesnay and Tony Woodman (Cambridge 2021) 89–115.

Goold, G[eorge] P[atrick]: Catullus, edited with introduction, translation and notes (London 1983).

Graevius, Theodorus: Callimachi Hymni, Epigrammata, et Fragmenta ex recensione Theodori J. G. F. Graevii Cum ejusdem animadversionibus. Accedunt N. Frischlini, H. Stephani, B. Vulcanii, P. Voetii, A. T. F. Daceriae, R. Bentleii, Commentarius, et Annotationes viri illustrissimi, Ezechieleis Spanhemii. Nec non Praeter Fragmenta, quae ante Vulcanius & Daceria publicarant, nova, quae Spanhemius & Bentleius collegerunt, & digesserunt. Hujus cura & studio quaedam quodue inedita Epigrammata Callimachi nunc primum in lucem produnt (Ultrajecti 1697).

Grafton, Anthony T.: Joseph Scaliger's Edition of Catullus (1577) and the Traditions of Textual Criticism in the Renaissance, in: Journal of the Warburg and Courtauld Institutes 38 (1975) 155–181.

Gudeman, Alfred: Art. *dispicio*, in: Thesaurus Linguae Latinae vol. 5/1 (1909–1934) Sp. 1415f.

Haupt, Moriz: Quaestiones Catullianae (Lipsiae 1837); *wieder abgedruckt in*: Mauricii Hauptii Opuscula. Volumen primum [ed. Ulrich von Wilamowitz-Moellendorff] (Lipsiae 1875) 1–77.

Haupt, Moriz: Catulli, Tibulli, Propertii Carmina a Mauricio Hauptio iterum recognita (Lipsiae 1853; ²1861).

Haupt, Moritz (!): De Lachmanno critico. Rede, gehalten beim Antritt des akademischen Lehramts in Berlin (12. August 1854). Herausgegeben von Albert Leitzmann, in: Neue Jahrbücher für das klassische Altertum, Geschichte und deutsche Literatur. Herausgegeben von Johannes Ilberg. Vierzehnter Jahrgang 1911 [Neue Jahrbücher für das klassische Altertum, Geschichte und deutsche Literatur und für Pädagogik. Siebenundzwanzigster Band] (Leipzig / Berlin 1911] 529–538.

Haupt, Moriz: Mauricii Hauptii Opuscula. Volumen primum [ed. Ulrich von Wilamowitz-Moellendorff] (Lipsiae 1875).

Haupt, Moriz: Mauricii Hauptii Opuscula. Voluminis tertii pars prior [ed. Ulrich von Wilamowitz-Moellendorff] (Lipsiae 1876).

Hermann, Gottfried: *Rezension zu* Quaestiones Catullianae. Scripsit etc. Mauricius Haupt ... Lipsiae ... 1837, in: Neue Jahrbücher für Philologie und Paedagogik oder Kritische Bibliothek für das Schul- und Unterrichtswesen. In Verbindung mit einem Vereine von Gelehrten herausgegeben von Dr. Gottfried Seebode, M. Johann Christian Jahn und Prof. Reinhold Klotz. Achter Jahrgang. Zwei und zwanzigster Band. Drittes Heft (Leipzig 1838) 303–314.

Hertz, Martin; Karl Lachmann. Eine Biographie (Berlin 1851).

Hohm, Michael: Zum Zusammenhang von Sprachbewusstheit, Lesekompetenz und Textverstehen. Historische, fachdidaktische und unterrichtspraktische Aspekte der Problematik [Diss. Würzburg] (Würzburg 2005).

Hyginus, Poeticon astronomicon, edd. Émile Chatelain et Paul Legendre (Paris 1903).

Kiss, Dániel: Catullus 68. Edited with an Introduction and a Detailed Commentary. Tesi di perfezionamento Scuola Normale Superiore, Classe di Lettere e Filosofia (Relatore: Gian Biagio Conte), Anno accademico 2008–2009.

Kiss, Dániel: *Rezension zu* David S. McKie, Essays in the Interpretation of Roman Poetry (Cambridge 2009), in: Exemplaria Classica 15 (2011) 257–271.

Kiss (2015a): Kiss, Dániel: The lost „Codex Veronensis" and its descendants. Three problems in Catullus's manuscript tradition, in: Dániel Kiss (ed.): What Catullus Wrote. Problems in Textual Criticism, Editing, and the Manuscript Tradition (Swansea 2015) 1–27.

Kiss (2015b): Kiss, Dániel: Catullus's surviving manuscripts, in: Dániel Kiss (ed.): What Catullus Wrote. Problems in Textual Criticism, Editing, and the Manuscript Tradition (Swansea 2015) 173–177.

Kiss (2015c): Kiss, Dániel: Isaac Vossius, Catullus and the Codex Thuaneus, in: Classical Quarterly 65 (2015) 344–354.

Kiss, Dániel: New research on the manuscripts of Catullus, in: Paideia 75 (2020) 601–621.

Kiss, Dániel: Editions and Commentaries, in: The Cambridge Companion to Catullus. Edited by Ian Du Quesnay and Tony Woodman (Cambridge 2021) 291–317.

Knox, Peter E. Catullus and Callimachus, in: Marilyn B. Skinner (ed.): A Companion to Catullus (Malden [Mass.] / Oxford 2007) 151–171.

Kroll: C. Valerius Catullus. Herausgegeben und erklärt von Wilhelm Kroll. Fünfte, durch neue Zusätze vermehrte Auflage (Stuttgart 1968).

Lachmann, Karl: Q. Valerii Catulli Veronensis Liber ex recensione Caroli Lachmanni (Berolini 1829; ²1861; ³1874).

Lachmann, Karl: *Rezension zu* Albii Tibulli carmina ex recensione Car. Lachmanni passim mutata explicuit Ludolphus Dissenius (Göttingen 1835), in: Allgemeine Literatur-Zeitung (Halle / Leipzig 1836) Numero 109 (Junius 1836), Sp. 250–256; Numero 110 (Junius 1836) Sp. 257–263; *unter dem Titel* Ueber Dissen's Tibull *wieder abgedruckt in*: Kleinere Schriften zur Classischen Philologie von Karl Lachmann. Herausgegeben von J[ohannes] Vahlen [Kleinere Schriften von Karl Lachmann. Zweiter Band] (Berlin 1876) 145–160.

Lachmann, Karl: Iwein. Eine Erzählung von Hartmann von Aue. Mit Anmerkungen von G[eorg] F[riedrich] Benecke und K[arl] Lachmann. Zweite Ausgabe (Berlin 1843); *darin III–X „Vorrede" von Karl Lachmann.*

Larsen, Kristoffer Maribo Engell: C. Valerii Catulli *Carmen* 66: A Critical Edition with Introduction, Translation and Textual Commentary, in: Classica et Mediaevalia 67 (2019) 109–152.

Lobel–Page: Poetarum Lesbiorum fragmenta, ediderunt Edgar Lobel and Denys Page (Oxford 1955/1963).

Maas, Paul: *Rezension zu* Norsa / Vitelli (1934), in: Gnomon 10 (1934) 436–439.

Maas, Paul: Textkritik. 3. verbesserte und vermehrte Auflage (Leipzig 1957).

Marinone, Nino: Berenice da Callimaco a Catullo, testo critico, traduzione e commento, nuova edizione ristrutturata, ampliata e aggiornata [Testi e manuali per l'insegnamento universitario del Latino, vol. 49] (Bologna 1997).

McKie, David S.: Essays in the Interpretation of Roman Poetry (Cambridge 2009).

Mette, Hans Joachim: Zu Catull 66, in: Hermes 83 (1955) 500–502.

Mynors: C. Valerii Catulli carmina recognovit brevique adnotatione critica instruxit R[oger] A[ubrey] B[askerville] Mynors (Oxonii 1958).

Nebrig, Alexander: Komparatistische Ansätze bei Moriz Haupt (1808–1874), in: Zeitschrift für Germanistik NF 20 (2010) 123–139.

Niebuhr, Barthold Georg: Kleine historische und philologische Schriften. Erste Sammlung. Mit einer Landcharte und Inschrifttafel (Berlin 1828).

Norsa, Medea / Vitelli, Girolamo: Diegeseis di poemi di Callimaco in un papiro di Tebtynis a cura di M. Norsa e G. Vitelli (Firenze 1934).

Oakley, Stephen P.: The Manuscripts and Transmission of the Text, in: The Cambridge Companion to Catullus. Edited by Ian Du Quesnay and Tony Woodman (Cambridge 2021) 263–290.

Pfeiffer, Rudolf: Callimachus, edidit Rudolfus Pfeiffer. Volumen I, Fragmenta (Oxonii 1949; 1965).

Schmidt, Johannes: Odysseus, in: Wilhelm Heinrich Roscher (Hg.): Ausführliches Lexikon der griechischen und römischen Mythologie, Band 3 (Leipzig 1897–1909) Sp. 602–681.

Schmidt, Peter Lebrecht: Lachmann's Method: On the history of a misunderstanding, in: Peter Lebrecht Schmidt: Traditio Latinitatis. Studien zur Rezeption und Überlieferung der lateinischen Literatur, herausgegeben von Joachim Fugmann, Martin Hose und Bernhard Zimmermann (Stuttgart 2000) 11–18 (*erschienen zuerst 1988*).

Schwab, Ludwig: Catulli Veronensis Liber ad optimos codices denuo collatos, Ludovicus Schwabius recognovit. Indices testimoniorum et verborum Catullianorum adiecti sunt (Berolini 1886).

Sillig, Julius: *Besprechung zu* Q. Valerii Catulli Veronensis liber ex recensione Caroli Lachmanni (Berolini 1829), in: Jahrbücher für Philologie und Pädagogik. Eine kritische Zeitschrift in Verbindung mit einem Verein von Gelehrten herausgegeben von M. Joh[ann] Christ[ian] Jahn. Fünfter Jahrgang. Zweiter Band. Erstes Heft. Oder der ganzen Folge

Dreizehnter Band. Erstes Heft (Leipzig 1830) 282–297.

Tarrant, R[ichard] J[ohn]: Catullus, in: Texts and Transmission. A Survey of the Latin Classics. Edited by L. D. Reynolds (Oxford 1983; reprinted with corrections 1986; reprinted 1990) 43–45.

Thomas, Richard F.: Catullan Intertextuality, in: The Cambridge Companion to Catullus. Edited by Ian Du Quesnay and Tony Woodman (Cambridge 2021) 47–52.

Thomson, D[ouglas] F[erguson] S[cott]: Catullus. Edited with a Textual and Interpretative Commentary by D. F. S. Thomson [Phoenix, Supplementary Volume 34] (Toronto / Buffalo / London 1997).

Timpanaro, Sebastiano: La genesi del metodo del Lachmann (Seconda edizione. Seconda ristampa Padova 1990).

Timpanaro: Sebastiano Timpanaro: The Genesis of Lachmann's Method. Edited and translated by Glenn W. Most (Chicago / London 2005).

Valckenaer, Lodewijk Caspar: Callimachi elegiarum fragmenta, cum elegia Catulli Callimachea, collecta atque illustrata a Ludovico-Casparo Valckenaer. Edidit, praefatione atque indicibus instruxit Ioannes Luzac (Lugduni Batavorum 1799).

Vossius, Isaacus: Cajus Valerius Catullus Et in eum Isaaci Vossii Observationes (Londini 1684).

Wasdin, Katherine: Poetry and Politics in Claudian's Wedding Poems, in: Classical Philology 109 (2014) 48–65.

Wulff, Kurt: Art. *cunctus, -a, -um*, in: Thesaurus Linguae Latinae vol. 4, 1396–1402.

Zwierlein, Otto: Weihe und Entrückung der Locke der Berenike, in: Rheinisches Museum 130 (1987) 274–290.